AF460177

SOUVENIRS

DE

CHARLES-HENRI

BARON DE GLEICHEN

PRÉCÉDÉS D'UNE NOTICE

PAR

M. PAUL GRIMBLOT

PARIS

LÉON TECHENER FILS, LIBRAIRE

RUE DE L'ARBRE-SEC, 52

M DCCC LXVIII

SOUVENIRS

DE

CHARLES-HENRI

BARON DE GLEICHEN

9927. — IMPRIMERIE GÉNÉRALE DE CH. LAHURE
Rue de Fleurus, 9, à Paris

SOUVENIRS

DE

CHARLES-HENRI

BARON DE GLEICHEN

PRÉCÉDÉS D'UNE NOTICE

PAR

M. PAUL GRIMBLOT

PARIS

LÉON TECHENER FILS, LIBRAIRE

RUE DE L'ARBRE-SEC, 52

M DCCC LXVIII

TABLE.

AVERTISSEMENT.

La duchesse de Choiseul, qui nous est aujourd'hui si bien connue, a passionnément aimé son mari, nous le savons, et elle n'a jamais aimé que lui, on peut le croire sans témérité. Mais elle se laissait volontiers admirer, adorer, aimer, car elle inspirait à tous ceux qui l'approchaient et qui étaient touchés de sa beauté et de ses vertus, des sentiments qui, pour n'oser s'avouer hautement et se déguiser sous les noms honnêtes d'amitié et de dévouement, ressemblaient à ce que l'on est convenu d'appeler de l'amour.

Parmi ces amoureux discrets et délicats se distinguait un étranger, un allemand, le baron de Gleichen, dont il est si souvent fait mention dans les lettres de Mme du Deffand et de la duchesse de Choiseul. Nul ne fut plus que lui, si on excepte l'abbé Barthélemy, sous le charme des attraits irrésistibles de cette femme autant estimable qu'aimable, qui avait toutes les vertus ou peu s'en faut, cela n'est pas douteux, et qui pourtant n'était pas chrétienne, avouons-le au risque de déplaire à ses adorateurs de ce temps-ci.

J'ai ouï dire à de très-bons juges qui, par pure ignorance, ne rendaient pas justice au duc de Choiseul, qu'il était impossible qu'un mari si tendrement aimé par une femme si parfaite ne fût pas estimable. Le duc de Choiseul, quoique, hélas! bien souvent infidèle, était digne de tant d'amour; on n'inspire pas des sentiments tout à la fois si tendres et si passionnés sans les mériter. L'abbé Barthélemy, cet ami si dévoué, s'il vit dans la mémoire des hommes, ce n'est pas pour avoir écrit le *Jeune Ana-*

charsis et avoir su le phénicien, c'est uniquement à cause de l'affection qu'avait pour lui la duchesse de Choiseul, et du culte qu'il lui avait voué. Après le *grand abbé*, Gleichen est sûrement celui qui a le plus aimé la duchesse de Choiseul, et c'est lui sans contredit qui a fait de cette femme rare le portrait le plus ressemblant et aussi le plus flatteur. En revanche, elle lui a donné des marques de la plus véritable affection, et pour le conserver auprès d'elle, dans sa société de tous les jours, le duc de Choiseul, à sa prière, a fait et tenté des choses impossibles.

Barthélemy et Gleichen ont été incontestablement les deux amis que la duchesse de Choiseul a le plus particulièrement distingués, et à qui elle a été le plus attachée. Cette recommandation a suffi pour faire revivre le nom de Barthélemy, déjà tombé dans l'oubli : qu'elle sauve du même naufrage la mémoire de Gleichen, qui mérite aussi bien d'être un peu connu pour lui-même, et à qui ses modestes *Souvenirs* assurent une place honorable parmi les chroniqueurs de la seconde moitié du dix-huitième siècle.

Charles-Henri de Gleichen naquit en 1735 à Nemersdorf, auprès de Bayreuth. Son père, dont il était l'unique fils, était grand veneur de cette petite cour. Gleichen reçut sa première éducation dans la maison paternelle, et en 1750 il fut envoyé à l'université de Leipsig. Il y connut le poëte Gellert, qui fut vraisemblablement un de ses maîtres, et à qui il inspira une vive amitié. En 1752, Gleichen était de retour à Bayreuth, et il fut admis dans la maison du margrave en qualité de gentilhomme de la chambre. L'année suivante, il alla à Paris achever son éducation : il paraît avoir surtout fréquenté le salon de Mme de Graffigny. En 1755, Gleichen accompagna le margrave de Bayreuth et sa femme en Italie, et le 21 août de la même année, il fut attaché à la personne de la margrave en qualité de chambellan. Cette femme d'un mérite si distingué, digne sœur de Frédéric, honorait Gleichen d'une confiance toute particulière. Elle le renvoya en 1756 en Italie.

Voici deux lettres qu'elle lui écrivait :

Bayreuth, le 9 avril 1756.

« J'ai eu le plaisir, monsieur, de recevoir votre lettre. Tout ce que vous me dites de beau de Rome me fait venir l'eau à la bouche. Est-il possible qu'on puisse avoir des vapeurs, quand on est au paradis? Cependant vous mandez au marquis d'Adhémar que vous en êtes tourmenté. J'espère qu'elles vous donneront trêve à l'avenir et que j'aurai plus souvent de vos nouvelles.

« Après avoir passé le plus triste hiver du monde par rapport à ma santé, j'ai fini par prendre une fausse pleurésie. Comme je suis encore si languissante, je ne crois pas de longtemps me tirer d'affaire. J'en viens à nos commissions :

« Je vous laisse entièrement le maître de mes trésors, et d'en acheter tout ce qu'il vous plaira. Le diable règne beaucoup chez moi à force de retrancher sur mes charmes. Je vous envoie 200 sequins, que vous pourrez employer à votre plaisir, pour ce que vous trouverez de plus beau. Je vous prie de faire en sorte que Pompée Battoni finisse le tableau du margrave, et qu'il soit envoyé tout de suite. Pour ce qui est du portrait du duc et de ma fille, je ferai écrire à Stuttgard.

« Je trouve comme vous que le modèle de la Flore est extrêmement cher.

« Je vous prie de faire mes excuses au prélat Marcolini de ce que je ne lui ai point répondu, et de dire au prélat Emaldi que ma tabatière partira incessamment, et que c'est le peintre qui en a retardé l'envoi.

« Le service de porcelaine pour le cardinal Valenti est parti le 5 de ce mois. Je vous adresse la lettre. Mandez-moi si La Condamine est encore à Rome, et en ce cas faites-lui bien mes compliments. Dites-lui que mon portrait va être commencé, et soyez persuadé de ma parfaite estime, monsieur.

« Votre très-affectionnée

« WILHELMINE. »

A Bayreuth, le 18 avril 1756.

« J'ai eu un plaisir infini, monsieur, en lisant votre relation, et j'en aurai encore plus, si vous voulez bien la continuer. Tout ce qui renouvelle les idées de mon voyage me récrée l'esprit. Vous devez m'avoir bien des obligations de vous avoir renvoyé au charmant séjour où vous êtes.

« Si l'on m'y veut un peu de bien, je le mérite par le tendre amour que j'ai pour ce paradis. Faites, je vous prie, bien des compliments à tous ceux qui se souviennent de moi, et surtout aux cardinaux de la maison Corsini, dont vous ne me dites rien, et à M. de Stainville.

« J'aurais été charmée si M. de Canillac avait reçu le chapeau de cardinal. Je vous adresse deux lettres. Vous n'avez pas besoin de recommandations. Si je vous en donne, c'est plutôt par une marque de mon estime que par toute autre raison.

Soyez persuadé, monsieur, que je tâcherai de vous en convaincre en toute occasion.

« WILHELMINE. »

P. S. Je suis encore très-malade, et j'ignore si je releverai de cette maladie, ou non. La tabatière de M. le prélat Emaldi est partie. Il m'a été impossible de dicter plus longtemps.

Gleichen resta en Italie jusqu'après la mort de la margrave, qui arriva le 14 octobre 1758. Il revint en passant par Avignon et Genève, et il s'arrêta pour faire aux Délices une visite à Voltaire, qu'il avait déjà vu à Bayreuth en 1753. Pendant son séjour à Rome, Gleichen avait connu l'ambassadeur de France, le comte de Stainville, et avait été admis dans sa familiarité. Vers la fin de 1758, le comte de Stainville était devenu duc de Choiseul et ministre des affaires étrangères en France, à la place du cardinal de Bernis. Le margrave de Bayreuth avait à réclamer le payement des subsides que la France lui avait promis pour prix de sa neutralité, et on ne s'empressait guères, paraît-il, de faire droit à ses justes réclamations. Il semble que le duc de Choiseul lui fit dire qu'il lui serait agréable d'avoir à traiter de cette affaire avec le baron de Gleichen. Cette insinuation fut un ordre, et Gleichen retourna à Paris chargé de cette commission : on peut soupçonner pourtant qu'il aurait souhaité un autre emploi. Voici ce que lui écrivait à ce sujet la duchesse de Choiseul :

« Je suis bien aise, monsieur le baron, que vous ayez eu des preuves de l'intérêt que M. de Choiseul et moi prenons à vous. J'ai bien senti cependant que ce que nous avons demandé, que vous fussiez employé par le margrave en France, n'était pas ce qui devait vous être le plus agréable, mais je ne crois pas que ce soit ce qui doive vous être le moins utile. C'est toujours un commencement, et commencer, dans toutes les affaires, est toujours l'opération la plus difficile : l'impulsion une fois donnée, c'est au talent à la conduire où il veut. »

Gleichen ne resta que neuf mois en France[1], car le margrave de Bayreuth

1. Pendant ce séjour à Paris, Gleichen paraît avoir beaucoup vécu dans la société de Grimm, de Diderot et du baron d'Holbach, qu'il avait sans doute déjà con-

était un trop petit prince pour avoir un envoyé accrédité près la cour de Versailles. Le duc et la duchesse de Choiseul désiraient pourtant que Gleichen fût fixé à Paris. Le roi de Danemark avait des intérêts à ménager à la cour de Versailles; il lui était dû aussi de grosses sommes pour des subsides

nus lors de son premier voyage en France. Dans une des lettres de Diderot à Mlle Voland, à la date du 15 mai 1759, on lit le passage suivant où se trouve une allusion difficile à expliquer :

« Nous partîmes hier à huit heures pour Marly; nous y arrivâmes à dix heures et demie; nous ordonnâmes un grand dîner, et nous nous répandîmes dans les jardins.... Je portais tout à travers les objets des pas errants et une âme mélancolique. Les autres nous devançaient à grands pas, et nous les suivions lentement, le baron de Gleichen et moi. Je me trouvais bien à côté de cet homme; c'est que nous éprouvions au dedans de nous un sentiment commun et secret. C'est une chose incroyable comme les âmes sensibles s'entendent presque sans parler. Un mot échappé, une distraction, une réflexion vague et décousue, un regret éloigné, une expression détournée, le son de la voix, la démarche, le regard, l'attention, le silence, tout les décèle l'une à l'autre. Nous nous parlions peu; nous sentions beaucoup; nous souffrions tous deux; mais il était plus à plaindre que moi. Je tournais de temps en temps mes yeux vers la ville; les siens étaient souvent attachés à la terre; il y cherchait un objet qui n'est plus.... Le baron de Gleichen a beaucoup voyagé; ce fut lui qui fit les frais du retour.... »

que la France lui avaient promis, et qu'elle ne lui payait pas. Le duc de Choiseul fit savoir à Copenhague que les intérêts du Danemark ne pourraient être confiés en de meilleures mains qu'en celles de Gleichen, et que si on voulait à la fois lui être agréable et faire chose utile, il n'y avait pour le roi de Danemark qu'à prendre à son service le baron de Gleichen. La négociation ne fut pas longue. De son côté, le margrave de Bayreuth s'empressa de donner à Gleichen la permission d'entrer au service du Danemark, et aurait-il pu la refuser après avoir reçu la lettre qu'on va lire :

« Mon cousin, le baron de Gleichen, votre ministre, m'a rendu sa personne si agréable, pendant le séjour qu'il a fait à ma cour, que je n'ai pu me dispenser de m'intéresser à son avancement, et vous savoir gré de la permission que vous lui avez donnée d'entrer au service du roi de Danemark. Je suis très-sensible aux nouveaux témoignages que vous me donnez de votre attachement à cette occasion. Je connais trop l'élévation de vos sentiments, pour n'y pas prendre une entière confiance, et vous ne devez pas douter que je n'y réponde par ceux de la plus haute estime et de la plus sincère affection pour vous. Sur ce, je prie Dieu, qu'il vous ait, mon cousin, en sa sainte et digne garde.

« Écrit à Versailles, le 29 août 1759.

« LOUIS. »

Le margrave de Bayreuth ne se borna pas à autoriser Gleichen à quitter son service : il lui accorda une pension de mille thalers. Il est vrai que cette pension fut payée peu régulièrement, et, en 1767, il ne fallut pas moins que l'intervention du duc de Choiseul pour faire toucher à Gleichen l'arriéré de plusieurs années.

Voici en quels termes le comte de Moltke, grand maréchal de la cour de Danemark, et favori du roi, écrivait à Gleichen, le 21 août 1759 :

« L'empressement avec lequel je me suis porté à apprécier l'ouverture que M. le duc de Choiseul a faite de votre part, il y a quelque temps, du dessein que vous avez d'entrer au service du roi, ne vous laissera aucun doute sur la satisfaction que je ressens, de ce que Sa Majesté a daigné déférer à vos souhaits. Elle a balancé d'autant moins à cet égard que les mérites que vous possédez, et dont elle est très-bien informée, lui ont donné pour vous, monsieur, beaucoup d'estime, et que d'ailleurs elle a été fort aise d'avoir pu faire voir, en cette occasion, de quel poids est auprès d'elle la recommandation de M. de Choiseul. »

Gleichen ne tarda pas à se rendre à Copenhague pour présenter ses devoirs à son nouveau maître. Mais ce n'était pas pour rester dans ce triste séjour qu'il avait renoncé à son pays. On peut juger de son désappointement par la lettre qu'il adressait bientôt après son arrivée en Danemark à la duchesse de Choiseul :

« Ah ! madame, qu'il fait froid à Copenhague : je suis un homme gelé, si vous ne daignez pas vous souvenir que vous m'avez promis de dire à chaque courrier un mot pour moi à M. le duc, pour qu'il en dise un autre à M. de Bernstorff. Si vous saviez, madame, combien il fait froid à Copenhague, vous auriez pitié de moi, et de là il résulterait peut-être que dans peu j'aurais plus chaud. J'ai l'imagination glacée en pensant à l'hiver prochain, et il en arrivera pis à toute ma personne, si le peu de froid qu'on sent à Paris ne vous fait penser à celui dont on souffre ici. On a même raffiné sur le supplice d'hiver dans ce pays-ci. Parce qu'on n'est qu'à demi-chemin pour aller à la mer Glaciale, il n'est pas d'usage de porter des fourrures. J'en grelotte !

Dussé-je être envoyé en Russie, au moins je pourrais m'y fourrer jusqu'aux dents. Pardon de ma lettre à la glace. Je finis, madame, en faisant des vœux pour que ma lettre ne vous gèle pas, et en vous assurant de mon éternelle reconnaissance et de mon profond respect. Je ne vous parle pas de mon ennui, c'est un chapitre à part, que je traite dans une lettre à l'abbé, et dont il doit vous rendre compte. »

Voici la lettre que Gleichen adressait dans le même temps à l'abbé Barthélemy :

« Je suis consolé, mon cher abbé, à peu près comme Job l'était par ses amis, et tous les miens me disent : « Tu l'as voulu, George Dandin ! » J'ai tort, mais ce n'est pas de m'ennuyer horriblement ici, c'est d'avoir voulu venir dans un pays si ennuyeux. Toutefois, pouvais-je prévoir un mal qu'on ne connaît véritablement qu'ici ? L'ennui y est aussi épais que l'eau qu'on y boit et l'air qu'on y respire. Hors d'ici, on ne s'ennuie que par raffinement, cela n'approche pas même de nos plaisirs. Il n'y a que les femmes que je trouve charmantes dans ce pays. On est dispensé de toute sorte de galanterie à leur égard ; aussi sont-elles d'une sagesse extrême, prudes, bégueules, maussades et froides. Voici à peu près les discours les plus éloquents que m'a tenus la dame la plus coquette de Copenhague, celle qui donne le ton aux autres : Monsieur est ici depuis peu, j'espère ; Monsieur a pris maison, j'espère ; Monsieur joue gros jeu, j'espère ; au quadrille, j'espère ; Monsieur y perd son argent, j'espère ; Monsieur aura la fièvre, j'espère. Et oui, morbleu ! mes dames, monsieur crèvera, j'espère, s'il ne sort pas bientôt d'ici. »

La duchesse de Choiseul essayait de consoler le pauvre Gleichen, tombé de Charybde en Scylla, et cherchait à lui faire prendre patience. Elle lui écrivait :

« Votre imagination, monsieur le baron, vous forme des fantômes auxquels vous ne donnez l'être que pour vous déchirer le sein ; je souffre des maux qu'ils vous causent et je voudrais bien y parer, mais il n'appartient qu'à Hercule seul de vaincre la chimère. Ce n'est pas comme ceux qui ne partageraient ni vos inquiétudes ni vos embarras, que je vous engage à la patience et au courage ; c'est comme un moyen de diminuer vos malheurs ; le désespoir aveugle et le courage éclaire. N'abandonnez pas votre âme, calmez votre imagination, servez-vous de la justesse de votre esprit pour apprécier les choses à leur juste valeur ; n'appelez pas malheur ce qui n'est souvent qu'une suite des contrariétés ordinaires de la vie : c'est en luttant contre elles que le courage les surmonte ; vous croirez peut-être que l'habitude du bonheur m'a ôté l'idée du malheur, ou la sensibilité pour les malheureux, non, monsieur ; vous vous tromperiez, mais sachez qu'il n'est impossible à personne de n'être pas malheureux, et croyez en même temps, qu'il n'est pas plus impossible d'être heureux. Pour vous convaincre de cette vérité, examinez les hommes, et vous verrez qu'à l'exception d'un fort petit nombre, c'est à leur moral qu'ils doivent le bonheur dont ils jouissent, ou le malheur qui les opprime.

« N'allez pas, je vous prie, vous imaginer, monsieur le baron, que ces réflexions soient des préceptes que je vous donne; je ne fais que vous rappeler au besoin ce que vous avez sans doute pensé autrefois. Dieu nous garde de ces censeurs sévères qui veulent nous rendre insensibles à tout événement. Je vous dis au contraire : dépitez-vous, s'il le faut, contre les contrariétés de la fortune; soyez ce que vous êtes, mais laissez ensuite la raison reprendre ses droits; et ce conseil n'est que pour vous marquer l'intérêt que je prends à ce que vous souffrez actuellement, et celui que je prendrai toujours à tout ce qui vous regarde. »

Et encore le 27 octobre :

« J'allais répondre à votre lamentable lettre du 1er de ce mois, quand j'ai reçu celle du 8. Le pinceau en est un peu moins tragique, mais permettez-moi de vous le dire, il l'est trop encore. Vous devez assez de justice à l'intérêt que je prends à ce qui vous regarde, pour que mes conseils ne puissent vous être suspects, et la pitié que je dois à l'ennui, s'il en était besoin, me justifierait de reste. Croyez donc que je plains le vôtre autant qu'on doit le plaindre, mais je veux que cette pitié même me serve à le combattre. Quoique jeune encore, vous avez vu assez de pays, vous avez connu assez d'hommes, pour savoir que cette maladie règne dans tout l'univers, et le soin que l'on prend pour l'éviter ne vous a-t-il pas montré son empire? Peu de gens s'y soustraient; je n'en connais que deux classes, ceux qui sont tout entiers à leurs passions, ou tout entiers à eux-mêmes. Le trouble qui accompagne les premiers; et les remords qui souvent les suivent, les rendent encore plus malheureux; pour les seconds, ils sont inutiles dans la société; et ce sont deux écueils également à éviter. Le ciel nous a donné les passions comme les ressorts de notre âme, et non comme ses tyrans : notre courage doit servir à les contenir, et notre esprit à les employer : vous avez l'un et l'autre, et vous êtes dans le cas d'en faire usage.

« Une noble, juste et honnête ambition vous a fait, par des moyens pareils, quitter votre cour, pour faire briller vos talents dans une autre, et servir sur un plus grand théâtre; M. de Choiseul a été assez heureux pour vous être utile dans ce projet, et l'amitié de M. de Bernstorff vous en promet déjà le succès. Mais à peine arrivé à Copenhague, l'ennui qui vous poursuit vous le fait presque abandonner, ou vous expose à en perdre les fruits en en précipitant l'effet. La meilleure recette que j'aie à vous donner contre l'ennui est de vous le cacher à vous-même; quand on s'y livre, il nous peint tout de ses couleurs. Je vous permettrais de vous ennuyer, si, arrivé à la fin de votre carrière, vous n'aviez plus rien à désirer ni à entreprendre, mais vous ne faites que la commencer. Avec de l'esprit, des livres, trois ou quatre personnes à qui parler, qui aient seulement le sens commun, et un projet à suivre, on ne doit pas s'ennuyer. Quelque triste que soit le Danemark, il vous offre au moins ces ressources. Votre liaison avec M. de Bernstorff, dont l'esprit et les connaissances ont fait les délices de ce pays-ci et causent encore nos regrets, en est une grande; cultivez-la et profitez-en. M. de Choiseul vous y servira de tout son pouvoir par les recommandations les plus vives; mais n'attendez pas de lui qu'il vous demande lui-même pour être employé dans cette cour; ce serait aller contre votre objet, et vous nuire au lieu de vous servir. C'est ce qu'il m'a chargé de vous dire, monsieur, quand je lui ai montré votre dernière lettre; M. de Bernstorff est encore plus le ministre de son maître qu'il n'est l'ami de M. de Choiseul, et il le doit regarder de même à son égard. Ainsi, en vous demandant, il vous rendrait suspect à ce ministre, et ce serait pour vous une raison d'exclusion. C'est pourquoi il faut que vous attendiez patiemment que les circonstances vous amènent ce que vous désirez. En suivant un plan, on le remplit tôt ou tard, et il ne nous échappe que lorsque nous l'abandonnons. »

Il est évident que si pour complaire au

duc de Choiseul, la cour de Danemark avait pris Gleichen à son service, le crédit de ce ministre à Copenhague n'était pourtant pas assez fort pour faire nommer Gleichen au poste de Paris, et contrebalancer l'influence des envoyés de Prusse et d'Angleterre à cette cour, qui auraient vu avec regret le Danemark avoir pour représentant à la cour de France un homme que l'on devait croire tout à la dévotion du duc de Choiseul. Il ne faut pas oublier qu'en 1759 la guerre de Sept ans durait encore, et que les deux parties belligérantes mettaient tout en œuvre pour faire sortir le Danemark de sa neutralité. D'ailleurs, pour envoyer Gleichen en France, il aurait fallu déplacer le ministre en titre, le comte de Wedel Fries, qui ne voulait pas quitter ce poste volontairement, et sans doute il avait plus de crédit à Copenhague qu'un étranger et un nouveau venu, tel que Gleichen. Les instances réitérées du duc de Choiseul réussirent pourtant à faire entrer Gleichen dans le service diplomatique : il fut nommé ministre en Espagne. On peut juger du désespoir du pauvre Gleichen en se voyant relégué dans ce poste lointain, alors peu envié, et où il craignait de se voir à tout jamais oublié. Voici en quels termes il se plaignait au duc de Choiseul :

« M. l'ambassadeur[1] m'a annoncé qu'on me destine à m'envoyer en Espagne. J'en ai pressenti mon père, qui s'y oppose avec une douleur qui me rendrait malheureux, si je ne la respectais pas. Sa santé et son âge me font prévoir que je touche au moment de le perdre. Dois-je me préparer le repentir ineffaçable d'avoir hâté sa mort, et m'éloigner si fort, tandis qu'il s'agit de recueillir ma fortune la plus solide? Il s'agit de ma tranquillité et de mon intérêt le plus fort, et j'ai recours à Votre Excellence pour que je lui sois redevable de préférence, et qu'elle veuille m'aider à tourner ce moment si favorable à mon avantage. L'importance du poste qu'on me destine me prouve les effets de la protection de Votre Excellence et des bonnes intentions qu'on a pour moi. Mais si l'on veut véritablement me rendre heureux, il sera bien facile de faire une translocation en ma faveur, et de m'envoyer en Allemagne. J'accepterai avec plaisir une moindre place, ce qui accommodera même celui qui me cédera la sienne, et je répugnerai d'autant moins à aller à la cour

1. Le président Ogier, alors envoyé de France à Copenhague.

de Pologne, quoique ce soit le début diplomatique dans ce pays-ci, que j'y serais plus à portée de mes espérances qu'en Espagne, d'où l'on n'est tiré que bien difficilement. Je supplie Votre Excellence de m'obtenir cette grâce de M. de Bernstorff, qui peut-être ne me mettra à portée de la lui demander, que quand le temps sera trop court pour cet arrangement. Le sacrifice que je fais de cette place, qui me tente infiniment, au devoir que la nature a rendu le premier de tous, me rend plus digne de votre protection que jamais. C'est une des plus importantes marques de la bonté de Votre Excellence que je lui demande, et elle comblera ma reconnaissance, l'attachement inviolable et le profond respect, avec lequel je suis toute ma vie, etc. »

En revanche, un des nombreux amis que Gleichen avait laissés en France, le félicitait presque de sa nomination au poste de Madrid; ce n'était rien moins que le marquis de Mirabeau.

Du Bignon, le 30 octobre 1760.

« C'est une chose fort honorable de recevoir dans nos champs une petite lettre toute puante et toute musquée, datée de Copenhague. Elle m'est venue fort à propos, car on était en peine le jour même de nommer une bouteille de vin doux qui s'est trouvée dans mon cellier, et je l'ai appelée *Muscat de Copenhague*; c'est cela, et je vous en suis bien obligé. Je vous plains, mon pauvre baron, de ce que l'ennui monte en croupe et galope avec vous, qu'il traverse même des bras de mer, pour vous tenir compagnie. Oh! Cosmopolite longin, vous seriez *ultra sauromata*, que vous trouveriez toujours le *tu autem* de Rabelais. Croyez-moi, mangez moins, dormez moins, digérez mieux, et faites de fortes promenades le matin au lieu du soir, mais de très-bonne heure, et petit à petit vous verrez que tous les pays se ressemblent, et qu'on peut être gaillard partout, à moins que le cœur ne soit fort attaché quelque part, sorte d'encombre dont la providence a garé votre contenue (*sic*) morale et physique. En outre, vos pénibles attributs peuvent aussi se trouver compris dans les décrets d'en haut, pour vous rendre plus habile à remplir supérieurement les devoirs de l'état auquel votre étoile et votre volonté vous ont appelé; car, si nous faisions un être imaginaire et fantastique de la politique, il me semble, qu'elle serait longue et maigre, l'arrière-train traînant, la révérence profonde, la voix douce et basse, le teint parfois luisant et parfois allumé, l'œil élastique et la vue rapprochée, parlant peu et toujours dans des coins, écoutant beaucoup et soupirant parfois. Vous voyez, mon très-cher, que cette ressemblance-là ne vous coûtera pas tant à attraper que pourrait faire celle d'un homme gaillard, qui va la tête en l'air, parle haut, gesticule, et donne dans tous les pots au noir qui se trouvent en son chemin; or, on ne saurait avoir tout. Vous croyez donc, mon cher baron, que votre bouffonne destinée vous fera envoyer calciner en Espagne. Vous y aurez le pied sec comme les cèdres du Liban; vous y trouverez des pierres gravées, si les Maures en avaient; vous y serez déféré à l'inquisition pour plus d'un fait, et en partirez pour l'Angleterre tout préparé à aller finir votre cours des singularités humaines, avec la secte des *ennuyés de la vie*. Oh ! mon cher baron, vous savez que j'ai un faible pour vous, quoique vous ne valiez rien, mais je suis tout plein de ces faibles-là, et vous êtes un des plus forts. Voulez-vous que je vous parle sérieusement, il en est temps encore. Remplissez votre destinée, puisque vous vous l'êtes choisie, et profitez de vos courses, pour vous bien persuader de la vérité du mot de Salomon qui avait tout vu et joui de tout, c'est, *que tout est vanité, si ce n'est de bien faire et se réjouir*. A cela, vous avez deux empêchements que vous pouvez vaincre; l'un est votre santé que vous pouvez rendre très-bonne par la sobriété; l'autre, votre volonté, qu'il serait temps de songer à vaincre, sans quoi elle vous martyrisera toute la vie, sans vous rendre un instant heureux. En outre, diminuez beaucoup, si vous m'en croyez, de ce souci du lendemain qui vous a pris bien jeune, et qui devient un tic, et désespère en vieillissant. Vous n'en ferez rien, mon très-gracieux, et je compte sur la vanité de mon sermon; vous n'en serez que plus réjouissant, mon très-cher, pour votre très-affectionné et plus que dévoué.

« Je suis parti pour la campagne trois jours

après votre départ, et conséquemment n'ai plus vu depuis ni M. ni Mme de Choiseul. »

Gleichen dut faire contre mauvaise fortune bon cœur, et, en attendant des jours meilleurs, se rendre à Madrid, où il resta trois longues années. Il passa par Bayreuth, où il vit son père pour la dernière fois, car il mourut en 1761. Il s'arrêta à Paris quelques jours, et il lui fut certainement promis par le duc et la duchesse de Choiseul qu'il ne serait pas oublié. En effet, aussitôt après la conclusion du traité de Paris (février 1763), le duc de Choiseul renouvela ses instances à Copenhague, et Gleichen arriva au comble de ses vœux. Ce n'était pas uniquement pour être agréable au duc de Choiseul, et moins encore à lui-même, que Gleichen fut nommé envoyé extraordinaire du roi de Danemark près la cour de Versailles, mais en considération du crédit qu'on lui supposait avec raison auprès du tout-puissant ministre qui gouvernait la France. Cela est manifeste par les instructions que le baron de Bernstorff lui adressait à Madrid, vers le milieu de l'été de 1763, en lui recommandant de se hâter de se rendre à son nouveau poste :

« Le Roi m'ordonnant de joindre aux instructions expédiées selon le style et la forme ordinaire, que, par son commandement, j'ai l'honneur de vous remettre aujourd'hui, une explication plus particulière et plus précise des affaires qu'il vous confie, ainsi que de ses volontés et de ses vues à leur égard, a bien voulu me dispenser de vous parler de la France elle-même, de sa puissance, de ses malheurs, de sa politique ancienne et nouvelle, de ses liaisons et alliances, de son ministère, des intrigues et factions qui la divisent. Ces détails nécessaires pour tout autre, ne le sont pas pour vous. Sa Majesté sait que vous connaissez cette puissante monarchie et ceux qui la gouvernent, et elle a jugé de là, qu'il suffirait de vous exposer son système, tant général que surtout relatif à cette couronne, et d'en tirer les conséquences, qui, déterminant ses intérêts et ses souhaits vis-à-vis d'elle, serviront de règles et de principes à votre conduite et à vos soins.

« Le Roi a pour unique but le bonheur de ses peuples, vraie source, son cœur le sent, de la gloire et de la félicité du monarque et de la monarchie ; l'assurer, l'augmenter par des moyens dignes de lui, par la pureté et la justice de ses desseins et de ses projets, par la fermeté de ses résolutions et de ses démarches dans leur exécution, par l'observation la plus scrupuleuse de sa parole, par une constance inaltérable dans ses amitiés et de ses alliances : c'est là sa politique, et, en la suivant attentivement, on est sûr de ne jamais manquer ses intentions.

« La félicité d'un peuple est de ne dépendre d'aucune autre puissance que de celle de son souverain naturel et légitime et de ses lois ; de jouir en paix et en tranquillité de tous les bénéfices et de tous les avantages que ces lois lui accordent ; de ne jamais voir ses intérêts sacrifiés ou subordonnés à ceux d'une autre nation ; de ne combattre, s'il le faut, que pour son maître et sa patrie, et non pour des querelles étrangères, dont il ne ferait que partager en subalterne les hasards et les maux, sans être admis à une part égale des biens, des succès et de la gloire ; de voir son souverain considéré et révéré par les autres puissances de l'Europe, son alliance recherchée et son influence fondée sur l'opinion de sa sagesse et de sa vertu, assez établie chez les conseils des nations voisines pour pouvoir y maintenir l'équilibre et la paix, et écarter toute résolution contraire à la sûreté et à la tranquillité communes ; et de sentir enfin sa prospérité, ses forces et ses richesses augmentées intérieurement par des acquisitions faites légitimement et judicieusement, par de sages établissements dans toutes les parties de l'état, par une attention suivie à favoriser la population, par l'extension de son commerce et par les encouragements donnés à l'agriculture, à l'industrie et aux arts. C'est cette félicité que le Roi cherche par des soins infatigables à procurer et à conserver à la nation qui lui obéit; il n'a point fait de démarche pendant tout son règne, qui n'ait tendu à l'augmenter, et tous les ordres qu'il donne aujourd'hui, et à vous, monsieur, et à nous tous qui le servons, n'ont point d'autre but.

« C'est de ce principe que sont émanées toutes ses mesures; c'est ce principe qui l'a tenu, malgré les menaces et les promesses, ferme, calme et intrépide dans l'orage, et qui, après l'avoir engagé à faire goûter à ses sujets la douceur d'une profonde paix au milieu des horreurs et des calamités d'une guerre générale, lui a mis les armes à la main, lorsqu'un ennemi redoutable se préparait à envahir ses États, aussi décidé à combattre, même à forces inégales, dès que l'honneur et le salut de son peuple l'exigeaient, et de préférer la guerre la plus dangereuse à une honteuse paix, qu'il l'avait été jusque-là de préférer la paix aux apparences séduisantes d'une guerre qui, à tout autre qu'à lui, n'aurait d'abord paru annoncer et promettre que des avantages faciles et certains; c'est encore le même principe qui le guide dans ses résolutions, aujourd'hui que l'Europe, respirant de ses malheurs et de ses illusions, va rentrer dans son ancien système, ou peut-être prendre une forme nouvelle encore plus solide.

« Il importe à la France comme au Roi, que le Nord soit libre, et que, pour cet effet, l'excessive puissance des Russes, de cette nation devenue aujourd'hui si orgueilleuse et si entreprenante, soit limitée; il ne lui importe pas moins que la Suède ne soit point asservie sous le joug d'une princesse ambitieuse et absolument dépendante des adversaires et rivaux de la maison de Bourbon, ni les anciens et fidèles amis de la France, victimes de leur zèle pour elle, soumis et sacrifiés au ressentiment et au pouvoir arbitraire de cette violente ennemie ; il lui importe également que, par une union sincère formée entre les deux anciennes couronnes du Nord, l'équilibre de cette partie de l'Europe, source de son influence sur elle, se rétablisse ; et il lui importe enfin, autant qu'au roi, que le commerce de l'univers ne soit pas uniquement entre les mains des Anglais, ses ennemis implacables, et des Hollandais, toujours enclins à embrasser et à soutenir leur cause, mais que les nations naviguantes et trafiquantes du Nord y aient part, et puissent, lorsque le cas l'exige, empêcher que la mer ne leur soit fermée, et ne leur refuse pas tous ses biens et tous ses secours.

« Le Roi ne demande rien au Roi Très-Chrétien, rien que l'exécution de ses anciennes promesses, et l'observation de ses propres intérêts.

« Vous ne trouverez point de négociations entamées entre les deux couronnes ; toutes celles dont vos prédécesseurs ont été chargés sont finies, et la délicatesse du Roi ne lui a pas permis d'en ouvrir de nouvelles dans ces temps de malheurs et de détresse, où des infortunes et des calamités multipliées, au dedans et au dehors du royaume, ont épuisé et épuisent encore toute l'attention et toute la sollicitude du ministère de Versailles.

« L'alliance même, qu'il a été d'usage jusqu'ici de renouveler toujours quelques années avant terme, tire à sa fin : elle expirera au quinze mars prochain (1764). Le Roi consentirait probablement à la prolonger, mais il ne veut pas que vous en fassiez la proposition. Dans le dérangement où se trouvent les finances de la France, et au moment du nouveau système que l'on paraît vouloir y établir, cette proposition ne pourrait pas être reçue.

« Sa Majesté n'en fera pas l'essai, et elle se borne à vous enjoindre de veiller à l'accomplissement de l'ancien traité, c'est-à-dire, à l'acquit des subsides arriérés. Si la France veut continuer d'être ce qu'elle est, ou redevenir ce qu'elle a été, il faut qu'elle discerne et distingue les puissances, qui peuvent et veulent être ses amis, de celles, qui ne peuvent et ne veulent pas l'être; que, sans courir vainement, et par une complaisance dont elle doit avoir senti l'inutilité, après l'alliance des unes, elle cherche à conserver celle des autres ; il faut qu'elle travaille au maintien du repos et de l'indépendance du Nord; il faut qu'elle soutienne en Suède un parti malheureux et prêt à succomber, qui s'est sacrifié pour lui complaire; il faut qu'elle fasse usage de tout son crédit dans ce royaume, pour y conserver la liberté et le gouvernement, tel qu'il est établi par les lois.

« C'est là le point décisif pour le Nord et pour le crédit de la France. Je vous le recommande, monsieur, par ordre exprès du Roi. Faites-en l'objet principal de vos soins et ne déguisez pas à la

France, que le salut du Nord repose et se fonde sur cette base; que, si on l'ébranlait jamais, tout serait en feu au même moment, et que le Roi, fidèle à ses principes, et préférant à tout le bonheur de son peuple, intimement et irrévocablement lié à la liberté de la Suède, n'hésiterait pas à soutenir de tout son pouvoir et par les derniers efforts de ses armes, le parti de ceux qui combattraient pour elle.

« Ce parti est aussi celui de la France, et il est assez malheureux pour ne pouvoir résister toujours, sans un secours étranger, à l'ambition de la cour et à celle de ceux qu'elle suscite contre lui. Ne permettez pas qu'on se lasse à Versailles de l'assister, et opposez-vous à tous ces faux politiques, qui, sous prétexte du peu d'utilité, dont la Suède est aujourd'hui à ses alliés, *voudraient y rétablir la souveraineté*; faites sentir à MM. de Choiseul et de Praslin, qu'au moment que la France paraîtrait vouloir consentir, ou seulement conniver à une pareille entreprise, elle perdrait tous ses amis dans le Nord, et livrerait la Suède, si la révolution réussissait, à la domination des Russes, et aux conseils impérieux du roi de Prusse, seul oracle de la reine sa sœur; et, si elle ne réussissait pas, à l'influence des Anglais, auxquels les défensenrs de sa liberté seraient obligés de s'adresser, dès l'instant qu'ils se verraient délaissés par la France. Dévoilez-leur toutes les suites d'un projet si funeste.

« Vous veillerez avec scrupule au maintien des droits du Roi et de ceux de son ambassade, et vous accorderez vos soins distingués à ce que la chapelle de Sa Majesté serve à l'usage auquel le Roi la destine, à l'édification et à la consolation de ceux de sa religion, qui, sans elle, seraient peut-être privés de tout secours spirituel. *Le Roi, protecteur en tous lieux de ceux qui professent sa foi, aime, que ses ministres pensent à cet égard comme lui.*

« Tout Danois, ou autre sujet de Sa Majesté, trouvera en vous un soutien et un père; vous permettrez à ceux qui ont des affaires ou des procès en France, de recourir à vos lumières, à vos conseils et à votre appui; et vous donnerez une attention particulière à la conduite, aux mœurs et aux principes de la jeune noblesse de la nation voyageant en France. Si quelqu'un d'entre elle se dérangeait à un certain point, vous vous hâteriez d'en avertir sa famille, et de prévenir ainsi sa perte. »

La véritable raison du choix de Gleichen pour le poste de Paris était l'espoir que par son crédit personnel il réussirait à obtenir le payement des sommes assez considérables que le Danemark réclamait de la France. En vertu d'une convention du 4 mai 1758, le cabinet de Versailles s'était engagé à donner à la cour de Copenhague un subside annuel de deux millions de francs pendant six ans. En 1763, il était dû au Danemark un arriéré de 10,400,000 livres, que le cabinet de Versailles se montrait peu empressé d'acquitter. Gleichen réussit à obtenir le payement de six millions, et un autre ministre que lui n'aurait sûrement pas touché un sou de cette dette, car le duc de Choiseul ne manquait pas de bonnes raisons pour justifier la non-exécution de la convention de 1758. C'est à opérer cette rentrée inespérée que se borna la carrière diplomatique de Gleichen à Paris de 1763 à 1770.

En 1768, le successeur de Frédéric V, décédé le 14 janvier 1766, Christian VII eut la fantaisie de voir un peu le monde. Il arriva à Paris dans les premiers jours du mois d'octobre. Les lettres et les mémoires du temps sont remplis du séjour du jeune roi de Danemark. Gleichen a laissé une note à ce sujet où se trouvent quelques détails qui paraissent avoir échappé aux chroniqueurs :

« Aucun étranger nouvellement arrivé à Paris n'a saisi avec autant de promptitude et de justesse le ton de la société et de la délicatesse des convenances qu'elle exige, comme le roi de Danemark.

Personne ne s'est mis plus vite que lui à l'unisson de ce monocorde, si uniforme et pourtant si varié par tant de nuances presque imperceptibles; il n'a jamais détonné, et, quoique exposé sur un piédestal élevé à la critique d'un public difficile et satirique, loin de lui donner aucun ridicule, tout le monde a été bien content de lui. J'attribue cette grande facilité de sentir toutes les finesses des conventions établies par des prétentions sans nombre et par un raffinement excessif, à l'extrême sensibilité des nerfs de ce prince, qui déjà alors avait de fréquents accès de ce dérangement qui, du physique, s'est étendu sur le moral. Mais une justice plus importante que je dois lui rendre, c'est de s'être conduit avec une mesure, une prudence, une dignité et une présence d'esprit vraiment admirables pour son âge, son peu d'expérience et la faiblesse de sa santé.

« Lorsqu'il se présenta pour la première fois à Louis XV, ce monarque, qui n'avait jamais su adresser la parole à un nouveau visage, embrassa le roi de Danemark sans lui dire un mot, et se tourna vers le comte de Bernstorff[1] pour lui parler, parce qu'il l'avait connu anciennement durant son ambassade en France. Le roi de Danemark sentit l'incongruité de cette réception, fit sur-le champ une pirouette en se tournant vers le duc de Choiseul qu'il aborda, et celui-ci sut bien vite attirer

1. Le baron de Bernstorff avait été fait comte par le roi de Danemark le 14 décembre 1767.

son maître à la conversation entamée avec le jeune monarque.

« En négociant avec M. de Choiseul sur la manière dont le roi de Danemark devait être reçu, on m'avait singulièrement recommandé d'obtenir que les deux monarques ne se vissent tous les deux que seuls dans la première entrevue, et, porte close ; que le roi de France donnât le titre de majesté à celui de Danemark, et qu'ensuite ce dernier demeurerait dans le plus entier incognito. M. de Choiseul me répondit que, quoiqu'il eût l'ordre de son maître de m'accorder tout ce que je voudrais en matière d'étiquette, je devais savoir que ma demande était impossible, puisque le roi de France n'était jamais resté seul un seul instant de sa vie, pas même étant dans sa garde-robe, et qu'il ne lui était pas permis de chasser de sa chambre les personnes qui, par les priviléges de leurs charges, ont le droit d'y rester. La première entrevue se passa donc en présence de tous les principaux personnages. Mais le lendemain Louis XV rendant la visite à Chrétien VII, accompagné de quelques princes du sang et de toute sa cour, ce dernier courut au-devant du roi de France, le prit par la main, et, marchant fort vite, l'entraîna vers son cabinet dont il entr'ouvrit la porte, s'y glissa après lui et la referma à double tour. Tout cela se passa si lestement que le duc d'Orléans, poussé par la foule qui se pressait de suivre, heurta avec son gros ventre contre la porte, et voilà Louis XV resté seul avec un étranger pour la première fois de sa vie. Les deux rois s'entretinrent assez longtemps, et furent fort contents l'un de l'autre. M. de Choiseul m'a dit que son maître avait été enchanté de la conversation aisée et spirituelle du roi de Danemark, et celui-ci m'a dit qu'il avait été émerveillé du peu d'embarras et des grâces que le roi de France avait mis dans la sienne. Ensuite il ajouta : Vous souvient-il de ce que vous nous aviez écrit sur l'impossibilité qu'un roi de France puisse rester seul? j'ai mieux réussi que vous, car je m'en suis donné le plaisir. »

Ce séjour du roi de Danemark à Paris aurait dû placer Gleichen fort avant dans les bonnes grâces de son maître, qui d'ailleurs était si satisfait de ses services que l'année précédente il lui avait envoyé l'ordre de Danebrog : ce fut au contraire l'origine de la disgrâce de Gleichen. On a cru que le comte de Bernstorff avait été jaloux de la bonne situation de son inférieur, et des distinctions dont il le voyait comblé. Il est plus vraisemblable que Gleichen, demeuré fort étranger à la cour de Danemark, s'attira, sans le vouloir et même sans s'en douter, la malveillance de deux personnages de la suite du roi, bien autrement considérables par le fait que le comte de Bernstorff, qui n'était que ministre d'État, je veux dire le jeune comte de Moltke, favori du roi, et son médecin, le trop fameux Struensée. Quoiqu'il en soit, le 19 mars 1770, Gleichen fut rappelé purement et simplement. Cette nouvelle l'affligea sans le surprendre, car, bien des mois avant, il écrivait dans une lettre confidentielle au comte de Bernstorff, qui apparemment l'avait averti du sort qui le menaçait :

« J'ai été aussi reconnaissant qu'affligé de la lettre particulière dont Votre Excellence m'a honoré. Si votre bonté pour moi est toujours la même, mon envie de mieux faire réussira facilement. Vous vous apercevrez facilement que j'ai fait l'impossible pour mettre mes relations au-dessus de tout reproche. Mais si vos bontés ont changé, je désespère de mériter votre approbation, et privé du plus grand encouragement que je puisse avoir, je ne tiendrai pas contre le malheur d'imaginer que les succès ne sont plus faits pour moi. Vous savez, monsieur, que ce doute me tourmente depuis votre départ. »

Cette lettre, ou toute autre pareille, fut

communiquée à la duchesse de Choiseul, qui lui répondait sur-le-champ :

« Je vous verrai ce soir, monsieur le baron, avec grand plaisir, mais rien ne m'étonne plus que la lettre que vous écrivez à M. de Bernstorff. Il faut savoir si vos soupçons sont bien fondés, si vous ne vous êtes pas alarmé trop légèrement ; je le voudrais pour votre bonheur, et pour le plaisir de vous conserver dans ce pays-ci. Si par malheur vous aviez raison, mais je ne le puis croire, nous aurions fait un bel ouvrage. »

Et bientôt après, le 13 novembre 1769 :

« Votre lettre, mon cher baron, m'a mise au désespoir, et vos dangers m'ont tourné la tête. Je n'ai rien su de mieux que d'envoyer votre lettre à M. de Choiseul, et de lui faire part de toutes mes frayeurs, et je ne puis, je crois, mieux vous rassurer, qu'en vous transcrivant littéralement sa réponse : « Mon cher enfant, je vous renvoie la lettre de votre baron ; je ne puis rien faire à présent, parce qu'il faut ménager les circonstances, mais je ferai, je vous le promets, c'est mon cœur qui promet à mon cœur. »

« Prenez donc patience, mon cher baron, et soyez sûr que je la perds pour vous, mais en revanche, je ne perds pas un jour, un moment, une occasion, de travailler à votre affaire. Je suis certaine de la bonne volonté et de la vérité de M. de

Choiseul. Un jour viendra, et j'en suis sûre, où je pourrai vous dire : Soyez heureux, mon cher baron, et je serai moi-même la plus heureuse du monde, si je contribue à votre bonheur, en vous donnant des preuves de tous mes sentiments pour vous. »

Malheureusement, c'était le moment où le duc de Choiseul était le plus menacé par la cabale qui se servait de Mme du Barry pour le renverser. On imagine sans peine quelles devaient être les inquiétudes de Gleichen, si dévoué à tant de titres à des amis qui lui étaient si attachés. En réponse à une de ses lettres, la duchesse de Choiseul lui écrivait :

« Avant même d'avoir pu parler à M. de Choiseul, monsieur le baron, je me hâte de vous faire tous les remercîments que méritent votre attention et les marques d'amitié que vous nous donnez. J'y suis, je vous assure, infiniment sensible, parce que je suis convaincue qu'elles viennent du cœur, et je ne doute pas que M. de Choiseul ne partage toute ma reconnaissance à ce sujet. Quant à l'objet de vos craintes, je vous supplie de vous rassurer, parce que : 1° je ne les crois pas fondées, et qu'en second lieu, le pis qui en pourrait arriver serait d'aller vivre tranquillement à Chanteloup, où je serais trop heureuse, si mon mari n'était pas malheureux. Cependant, comme sa reconnaissance pour le meilleur des maîtres qui l'a comblé de bienfaits, exige qu'il lui sacrifie son repos tant que ses services pourront lui être agréables, je ne puis désirer sa retraite; mais je ne puis aussi la craindre qu'autant que l'on aurait altéré dans l'esprit du Roi la pureté de sa conduite, de ses intentions et de son respectueux attachement pour sa personne, ainsi je vous serai très-obligé de vouloir bien continuer de prendre à cet égard toutes les informations que vous pourrez avoir. C'est contre ce malheur seul que notre sentiment ne nous permet pas d'être sans inquiétude, pour le reste nous laisserons faire. Adieu, monsieur le baron. »

Et quelques jours après, de Versailles :

« Je n'ai pas voulu donner la peine à votre valet de chambre, monsieur le baron, d'attendre ma réponse, que je ne pouvais faire qu'après avoir communiqué votre lettre à M. de Choiseul. Vous ne trouverez dans cette réponse que les sentiments auxquels vous deviez vous attendre, les remercîments que nous vous devons, et la reconnaissance et la sensibilité extrême que nous avons de l'amitié et de l'intérêt que vous nous marquez. Pour le fond, même indifférence ; et pour la forme, même vivacité ; mais nous avons cependant lieu de croire par différentes informations que nous avons eues d'ailleurs, qu'il y a plus de vanité et même de vanterie dans les parents, que de réalité dans le fond des choses. Ainsi rassurez-vous, mon cher baron, mais continuez toujours à nous donner toutes les informations que vous pouvez avoir ; cela conduit toujours à savoir à qui l'on a affaire, et il est toujours bon de le savoir.

« Adieu, monsieur le baron, on me presse pour partir, je ne puis vous en dire davantage. On m'assure que M. de Praslin est furieux du manque de foi, mais qu'il a la parole pour la seconde. Dieu veuille que ce ne soit pas encore : Ah! le bon billet qu'a La Châtre. »

Cependant le duc de Choiseul n'avait pas été inactif à Copenhague. Gleichen, qui d'abord avait été renvoyé sans aucun égard, fut nommé, le 13 juillet 1770, ministre à Naples, et M. de Bernstorff, paraît-il, n'avait pas été étranger à cette nomination ; il lui écrivait de Traventhal, sa maison de campagne, le 23 juillet 1770 :

« Je dégage ma parole en vous envoyant aujourd'hui, et ainsi avant la fin de ce mois, vos nouvelles lettres de créance. J'y ajoute la décharge que vous avez désirée relativement au ministère que vous avez rempli en France, et des instructions pour celui que vous allez remplir, telles qu'on a coutume de les adresser aux ministres qui partent. Elles ne sont conçues que dans des termes généraux et dans le style ordinaire, mais vous voudrez bien, en même temps, jeter les yeux sur celles que j'ai dressées, le 28 avril 1766, pour le comte d'Osten.

« La position entre les deux cours étant à peu près la même qu'elle était alors, je n'ai pas trouvé à y changer, et je suis autorisé à vous prier de les regarder comme si elles avaient été faites aujourd'hui pour vous.

« Il me reste le plaisir de vous dire que le Roi vous accorde 3000 écus pour votre voyage et pour votre établissement. C'est la somme la plus forte qui ait jamais été donnée en pareille occasion. Je me flatte d'avoir ainsi rempli à tout égard ce que je vous avais promis, et de vous avoir prouvé la vérité de mon désir de vous voir satisfait. Puissiez-vous l'être toujours, et convaincu par les faits des sentiments, avec lesquels j'ai l'honneur d'être, etc., etc. »

P. S. M. d'Osten appréhende que vous l'arrêterez trop à Naples, mais je le rassurerai en lui faisant part de la promesse que vous m'avez faite, que vous seriez avec lui au plus tard à la mi-novembre.

A ce même moment, M. de Bernstorff était disgracié ; le baron d'Osten, que Gleichen remplaçait à Naples, devenait ministre des affaires étrangères ; et Struensée, l'obscur médecin du roi, premier ministre.

Cependant Gleichen, résigné à son mauvais sort, était parti pour Naples, où la duchesse de Choiseul lui écrivait de Paris, le 30 octobre 1770 :

« Je ne peux pas me résoudre à vous écrire, mon cher baron, sans pouvoir vous mander : votre affaire est faite ; soyez libre, soyez heureux, et faites le bonheur de vos amis en venant les rejoindre. Je ne peux pas non plus me résoudre à garder un plus long silence, qui pourrait ou vous laisser douter de vos amis, ou vous les faire oublier. Je vous écris donc, mon cher baron, sans avoir autre chose à vous dire, si ce n'est que je suis fachée de ne vous rien dire. Vous avez entendu les bruits de guerre qui nous menacent, ils auront retenti jusqu'au fond de l'Italie ; ils nous donnent bien du travail, bien de l'humeur, et pour le moment, *ils ferment la porte aux grâces, même à la justice*. C'est votre mauvaise étoile qui nous a soufflé ces mauvais bruits de guerre ; ils s'opposent autant à nos plaisirs qu'ils sont contraires à vos intérêts.

« Quoi qu'il en soit, celui qui s'en est chargé ne les prend pas moins à cœur, et celle qui les sollicite, n'y met pas moins d'ardeur ; rien ne refroidira, mon cher baron, le désir que j'ai de vous revoir, de contribuer à votre bonheur, et de vous convaincre de tous mes sentiments pour vous. »

Il est difficile d'indiquer exactement à quoi la duchesse de Choiseul faisait allusion dans cette lettre; on va voir que vraisemblablement il ne s'agissait de rien moins que de faire passer Gleichen du service du roi de Danemark à celui du roi de France. Mais, moins de deux mois après, le 24 décembre, le duc de Choiseul était renvoyé du ministère et exilé. La duchesse de Choiseul, arrivée le 26 à Chanteloup, écrivait dès le 31 à Gleichen :

« Vous êtes en droit, mon cher baron, de vous plaindre de votre étoile. Votre roi arrive à Paris pour donner à M. de Bernstorff occasion de vous prendre en grippe. Il vous ôte du poste de France, le seul auquel vous étiez attaché, et il est lui-même chassé du ministère, au moment où il songeait à réparer le tort qu'il vous avait fait, et vous laisse chancelant dans le poste de Naples. Une seule ressource vous restait : un ami qui paraissait tout-puissant, qui aurait voulu employer toute sa puissance à vous être utile, voulait changer et assurer votre sort; vous touchiez au moment du bonheur, votre affaire était dans le portefeuille, le travail devait se faire samedi; mardi, je comptais vous écrire la plus jolie lettre du monde, et lundi matin cet ami n'existait plus pour l'utilité de personne. Cette nouvelle vous sera sûrement déjà parvenue avant que vous receviez ma lettre, et je crains bien qu'elle n'ait excité votre verve et déjà produit un poëme plus long que l'Iliade et plus ennuyeux que l'Odyssée. J'ai emporté, mon cher baron, le regret de n'avoir pu vous être utile, le seul qui ait affecté mon cœur et qui sera éternel, si ce malheur me prive à jamais du bonheur de vous revoir dans ce pays-ci. Vous savez que je ne suis pas de ceux avec qui les absents ont tort; si je perds le plaisir de vous voir, je ne perdrai jamais, mon cher baron, celui de vous aimer.

« J'envoie ma lettre à la petite-fille (Mme du Deffand) pour qu'elle vous la fasse tenir par une occasion sûre. Ne me répondez pas sur votre affaire. Je vous avertis que je n'écrirai plus. M. de Choiseul me charge de vous faire mille tendres compliments. »

Gleichen eût pu se consoler à Naples de sa mauvaise fortune, au sein des arts et des débris de l'antiquité qu'il aimait tant, et dans la société d'un autre exilé de Paris, l'abbé Galiani. Mais un des premiers actes de M. d'Osten, après son entrée au ministère des affaires étrangères, fut de supprimer ce poste diplomatique, dont, mieux que personne, il connaissait l'inutilité pour le Danemark. Gleichen, après un an de séjour à Naples, fut nommé ministre à Stuttgart, à la place de M. d'Asseburg, qui, Allemand comme lui, n'avait pas eu plus que lui à se louer du service du Danemark, et passait à celui de Catherine. Gleichen ne pouvait se résigner à aller végéter dans la triste résidence du duc de Wurtemberg. Sur son refus d'accepter ce poste si inférieur, il fut mis à la retraite; mais il dut renoncer à la pension de mille thalers que lui accordait M. d'Osten, parce que ce ministre y joignait la condition par trop onéreuse de résider en Danemark. Cette pension fut rendue à Gleichen un peu plus tard, et avec la permission de vivre où il lui plairait, par le neveu de M. de Bernstorff, le comte André Pierre, successeur de M. d'Osten dans le ministère des affaires étrangères, après la catastrophe de Struensée.

Devenu libre, Gleichen mit à profit ses loisirs pour satisfaire sa curiosité et son goût pour les voyages, mais toujours il revenait à Paris, qui était sa véritable patrie. En quittant Naples, son premier soin fut de faire une visite à ses amis dans ce triomphant exil de Chanteloup, où il fit de longs et fréquents séjours, et il resta jusqu'à la fin le discret et dévoué adorateur de la duchesse de Choiseul. La révolution française bouleversa son existence. Dans ses derniers jours, il se retira à Ratisbonne, et il y mourut le 5 avril 1807. C'est dans cet obscur asile qu'il écrivit ses souvenirs, à la prière de son ami, M. de Weckerholz, et d'un émigré français, qui, après avoir été envoyé de France à la diète de Ratisbonne, s'était fait Allemand, le comte de Bray.

L'existence de ces *Souvenirs*, auxquels on donnait volontiers le titre par trop ambitieux de mémoires, était connue de beaucoup de contemporains de Gleichen. Un fragment en a même été publié en 1810, à Paris, dans le *Mercure Étranger*. Ils ont été imprimés complétement, mais non publiés en Allemagne, par un éditeur qui ne s'est pas nommé[1].

Gleichen a laissé d'autres écrits en langue allemande, publiés en 1796 et 1797, sur divers sujets de philosophie et sur les

1. *Denkwurdigkeiten des Barons Carl Heinrich von Gleichen*. Leipsig. Druck von J. B. Hirschfeld. 1847. (P. 234, in-8.)

beaux-arts. Mais ces méditations, auxquelles il attachait sans doute beaucoup de prix, sont loin de valoir ces simples esquisses de la société de son temps, qui, par leur exactitude et les curieux détails qu'elles renferment, méritent d'être consultées par tous ceux qu'intéresse l'histoire du dix-huitième siècle.

P. G.

SOUVENIRS

DU

BARON DE GLEICHEN.

I

FERDINAND VI ET CHARLES III ROIS D'ESPAGNE.

FERDINAND VI avait hérité de son père la maladie du dieu des jardins et la terreur maniaque qu'on en voulait à sa vie. Cette double irritabilité morale et physique l'avait rendu encore plus dépendant de la reine Barbe de Portugal, sa femme, que Philippe V ne l'avait été de la sienne. La folie de l'un et de l'autre s'adoucissait par le charme de la musique et du chant de Farinelli qui, passionnément aimé de la reine Barbe et de son mari, était parvenu à un degré de faveur plus honorable pour lui que pour ses maîtres ; car il n'a jamais fait qu'un bon usage de son crédit et s'est tenu modestement à sa place, tant qu'il a pu, évitant respectueusement les grands, et vivant avec les gens de sa sorte et de son pays. Je suis arrivé à Madrid peu de mois après son départ ; on n'avait pas même encore achevé d'effacer tous ses portraits, qu'on avait placés, sculptés et incrustés dans toutes les maisons royales : mais on ne touchait point à sa mémoire, que j'ai vue respectée et honorée presque universellement.

Revenons au pauvre roi Ferdinand, dont la maladie et la mort offrent quelques particularités plus remarquables que son règne, qui n'a été célèbre que par la magnificence de ses opéras.

La tentative de l'assassinat de Louis XV, suivie de celle qui eut lieu en Portugal, sont les causes funestes, qui ont commencé et achevé le dérangement total de l'esprit du malheureux Ferdinand. Lorsqu'il reçut la nouvelle du dernier de ces attentats, il s'orienta dans la chambre, pour placer la France à sa droite et le Portugal à sa gauche ; puis, tenant la lettre qu'il relisait, il s'écria après un long silence : « *Stilettata di quà, pistolettata di là : ed io in mezzo. Oime !* » Après quoi il se fourra sous le lit de la reine, qui était vis-à-vis de lui, et d'où on ne put le tirer qu'avec beaucoup de peine. Son état ne fit qu'empirer depuis, par la petite vérole de sa femme. Cette circonstance lui imposa des privations, qui mirent le comble à ses fureurs aphrodisiaques, qui ont été au point de vouloir violer l'agonie de cette pauvre reine. Du moment qu'elle fut morte, sa folie n'eut plus de bornes. Il fallut l'emporter à Casa del Campo, où, étant arrivé, il s'accrocha au gentilhomme de la chambre, jusqu'à le faire tomber à terre ; on fut obligé de le détacher de force. Le monarque continua seul la promenade, refusant toute nourriture pendant plus d'une semaine, après quoi il mangea pendant huit jours l'impossible, et s'efforça à ne rien rendre en s'asseyant sur les pommeaux pointus des chaises antiques de sa chambre, desquels il se faisait des tampons. Ce cercle vicieux de jeûner, de se bourrer et de se constiper, dura plusieurs mois, et il mourut après avoir tenu son royaume dans un état d'anarchie, que la pitié fraternelle de Charles III refusait de terminer, malgré les pressantes sollicitations du ministère espagnol de venir prendre les rênes du gouvernement.

La mémoire de ce monarque, que j'avais connu dans trois voyages à Naples, avant d'avoir eu le bonheur de l'approcher journellement durant les deux années de ma mission en Espagne, m'est trop chère pour ne pas lui consacrer quelques pages. Ce prince était d'une laideur parfaite, de la tête aux pieds, mais sans aucune difformité, et on s'accoutumait facilement à cette laideur par l'air de bonté et les manières simples et naturelles, dont elle était accompagnée, et qui lui tenaient lieu de grâces. Cette laideur me rappelle un bon mot, d'autant plus saillant qu'il était dit par un sot, en contemplant le portrait de Charles III que j'avais sur une tabatière, et qui circulait à la table de M. de Voltaire à Ferney. Je racontais combien ce prince était jaloux de son autorité en Espagne, tandis qu'à Naples il l'avait abandonnée à sa femme au point de passer pour un imbécile, uniquement pour avoir la paix du ménage : Elle était donc bien méchante, dit M. de Voltaire, et que lui aurait-elle donc fait? Elle l'aurait dévisagé, lui répondis-je. Alors cet homme, qui n'avait pas desserré les dents de toute la journée, et qui, dans ce moment, regardait le portrait, s'écria : Ma foi, elle lui aurait rendu là un grand service. L'accoutrement rustique du roi, ses culottes de peau, ses bas de laine roulés, ses poches, qui avaient l'air de deux havre-sacs, tant elles étaient toujours remplies, et sa petite queue, donnaient à la royauté un air de bonhomie si original, qu'on lui voulait du bien de ne se faire respecter que par réflexion. Il n'avait absolument que le sens commun. Car, l'ayant entendu parler beaucoup et longtemps, je ne lui ai jamais rien ouï dire qui fût spirituel, encore moins brillant ; mais aussi ne lui ai-je jamais entendu proférer un propos d'ignorant, ou qui fût mal raisonné ou déplacé. Il me questionnait avec discernement, parlait à chacun suivant son âge, son pays ou son état, et s'abstenait de tous les lieux communs, qui sont les objets ordinaires de la conversation des princes.

Il était constant dans ses affections et avait un véritable ami, chose bien rare pour un roi. C'était le duc de l'Ossado, le seul être contre lequel la reine ne pouvait rien. Mais ce qui était encore plus rare dans un roi, c'est qu'il était parfaitement honnête homme. Lorsque la guerre fut sur le point d'éclater entre l'Espagne et l'Angleterre, au sujet des îles Falkland, et qu'il était nécessaire, pour l'éviter, de démentir les ordres que le roi catholique avait donnés, pressé par son conseil d'accorder cette satisfaction au roi d'Angleterre, on eut une peine inouïe à l'y résoudre : il disait toujours :

Mais c'est moi qui ai tort, j'aimerais bien mieux écrire au roi d'Angleterre, que les ordres ont été de moi, que j'en suis fâché, et que je lui en demande pardon. Une preuve bien remarquable de sa bonté, qui proportionnait son ressentiment à l'incapacité d'un ministre, qu'il aurait pu et dû ne pas écouter, est le ménagement plus qu'humain, qu'il eut après la perte de la Havane, pour M. Ariago, ministre de la marine et des Indes, homme borné et ridiculement dévot, mais parfaitement bon et honnête. Son avis, expressivement inepte, de renfermer la flotte dans le port et de s'en servir comme d'une fortification, l'emporta sur celui du roi, qui voulait avec raison qu'on fît sortir la flotte et l'employer à combattre. En conséquence elle et la ville furent prises. M. Ariago ne voulait pas le croire, parce qu'il avait recommandé l'une et l'autre tous les matins à la sainte Vierge. Mais n'en pouvant plus douter, il tomba dangereusement malade de désespoir : ce que le roi ayant appris, il le fit assurer, que jamais il ne lui parlerait de la Havane, et poussa la générosité au point de ne pas prononcer ce nom de longtemps en présence de ce pauvre ministre.

Comme j'ai été témoin de cette guerre désastreuse, dans laquelle la France engagea Charles III, qui n'avait pas encore eu le temps de reconnaître le délabrement des forces militaires de l'Espagne, et que j'ai vu de près la résistance incroyable, que le petit Portugal a opposée à toute l'armée espagnole, combinée avec un corps français auxiliaire, il faut que j'atteste et que je note un trait d'ignorance, de désordre et de négligence si au-dessus de tant d'autres que j'ai vus depuis, et si fort, que quoique tout le monde me l'assurât à Madrid, j'ai été le seul ministre qui n'ait pas osé le mander à sa cour, le croyant impossible. L'armée était presque arrivée aux frontières du Portugal et on avait oublié, on ne me croira pas .... on avait oublié .... la poudre ! ! Quand le roi vint en Espagne, on s'était aperçu dans toutes les places, où il fallait tirer le canon, qu'on manquait de poudre, et à Madrid on fut obligé d'en tirer du dépôt pour les chasses : on avait eu presque une année pour se préparer à cette guerre, et malgré tout cela on avait oublié la poudre. Le prince de Beauveau, qui était à la tête des troupes françaises, envoya un courrier à M. de Saint-Amand, qui commandait à Bayonne, pour faire vider, sous sa responsabilité, tous les magasins à poudre de ce port et des forts voisins; et j'ai eu la certitude complète de cet oubli monstrueux par la lettre de M. de Beauveau, que M. de Saint-Amand me montra, lorsque je passai à Bayonne pour retourner en France. Je pourrais citer encore bien d'autres traits de l'ineptie des ministres espagnols, du dérangement total de la machine guerrière, qui se sont manifestés dans cette campagne. M. de Flobert, excellent ingénieur, que M. de Choiseul leur avait donné pour maréchal de logis, leur demandait des cartes du Portugal, et on n'en trouva pas même d'exactes des provinces espagnoles !

M. de Flobert disait à tout le monde, qu'il était allé en Portugal à l'aide de la boussole, et on l'enferma dans la tour de Ségovie. L'armée était arrivée aux frontières, et M. de Squillacci marchandait encore avec les approvisionneurs; aussi les pauvres soldats espagnols, malgré leur sobriété naturelle, mouraient de faim, et ne vivaient que des miettes tombant de la table des Français. Les canons étaient sans affûts, les boulets étaient ou trop grands ou trop petits, et toutes les armes dans un dépénaillement inexprimable. Ce dépérissement était l'ouvrage presque réfléchi de la reine Barbe et de M. de l'Ensenada, son ministre affidé, qui, pensant avec regret aux dépenses, que la reine Farnèse avait faites, pour établir ses deux fils en Italie, voulaient s'assurer de tous les fonds pour donner des fêtes et des opéras, et ôter à l'Espagne la possibilité de guerroyer.

Ils avaient même, en maltraitant les officiers et les soldats qui s'étaient distingués en Italie, étouffé cet esprit militaire, qui honorait les Espagnols, et on eut toutes les peines du monde à ramasser 50 000 hommes pour aller en Portugal. Ce n'est donc pas la faute de Charles III, si toute cette guerre, entreprise par déférence pour le chef de sa famille, a si mal tourné. Quoique son règne n'ait pas été marqué par des victoires et des conquêtes, il mérite cependant des éloges, pour avoir combattu avec courage et persévérance plusieurs préjugés, défauts de police et mauvaises habitudes nationales, et pour avoir commencé la civilisation d'une nation incroyablement arriérée, et difficile à être mise au courant des autres, à cause de son ignorance, de sa paresse, de son orgueil et de sa philosophie cynique.

L'Espagnol, de sa nature, n'est propre qu'à la guerre et aux sciences : par sa bravoure et sa sobriété, il est excellent soldat; et son esprit naturel, s'il était cultivé, pourrait le rendre célèbre dans l'empire des lettres; mais il est et sera toujours un mauvais paysan; on n'en fera jamais ni un artisan habile, ni un cultivateur diligent. Il lui faut si peu à sa manière : il fait bonne chère avec un oignon et un peu de lard; un vieux manteau lui suffit pour se vêtir et être couché; il se chauffe au soleil, ne s'ennuie point à ne rien faire, et regarde le travail comme un malheur et un opprobre. Que voulez-vous qu'on fasse d'un peuple pareil, auquel on ne peut pas même communiquer des besoins, qui partout ailleurs sont devenus les aiguillons de l'industrie et de la fatigue? J'ai souvent rêvé en bâtissant mes châteaux en Espagne, comment je m'y prendrais pour réformer les Espagnols, et je n'ai jamais pu imaginer qu'une marche bien lente et problématique pour guérir leurs infirmités physiques et morales. Il y a trois provinces en Espagne dont les habitants sont bien faits, sains, robustes, laborieux et intelligents : c'est la Biscaye, la Catalogne et Valence. C'est de là que je prendrais mes béliers pour anoblir et bonifier les autres races abâtardies, surtout celle des Castillans. Je croiserais ces derniers avec mes Biscayens, mes Catalans et mes Valenciens, auxquels j'accorderais les priviléges d'entreprises dédaignées par les Castillans, et peut-être pourrait-on exciter leur émulation par la jalousie de leur orgueil et par l'opposition sensible de leur misère à la prospérité des autres.

Mais sans entrer dans ces spéculations théoriques, Charles III commença par ce qui frappait les sens. Il entreprit d'abord de purifier

Madrid, dont l'infection était si épouvantable, qu'on la sentait à six lieues à la ronde, et qu'on la mâchait pendant six semaines avant de s'en être blasé. Il n'y a sorte d'oppositions et de difficultés qu'il n'éprouva dans ce projet. Il fallut faire venir et employer des Napolitains, pour établir de force des latrines dans les maisons, et le corps des médecins composa un mémoire pour représenter que l'air de Madrid ayant toujours été fort sain, il leur paraissait dangereux de vouloir le changer. Ceci me fait souvenir de l'histoire d'un Espagnol qui était tombé malade en France, et dont les médecins ne pouvaient pas deviner la maladie. Son valet de chambre imaginant que l'air natal pourrait lui faire du bien, et le malade ne pouvant plus être transporté, il fourra sous son lit un bassin plein d'odeur de Madrid. L'Espagnol, après des rêves délicieux, s'éveilla en disant : « *Ho Madrid de mi alma* » ! et il guérit.

Charles III, après avoir purgé la capitale de son infection, fit mettre des lanternes dans les rues ; et aujourd'hui elle est une des villes les plus propres et les mieux éclairées de l'Europe. Sa tentation de rogner les manteaux, et la défense rigoureuse de rabattre les chapeaux sur la figure, mascarade très-dangereuse dans l'obscurité, ne fut pas si sage, parce que les rues étant éclairées, cette défense n'était plus si nécessaire, et qu'elle fut exécutée avec tant de violence qu'il en résulta une émeute très-fâcheuse. Cette imitation de la rigueur avec laquelle Pierre le Grand fit couper la barbe aux Russes, avait le même but, de changer les mœurs en changeant le costume ; mais cette idée est moins vraie que le proverbe : l'habit ne fait pas le moine. Une entreprise bien plus sage, pour introduire un peu plus d'industrie étrangère, et qui a beaucoup mieux réussi, c'est l'établissement de cette colonie allemande qui transforma les déserts infectés de voleurs de la *Sierra Morena*, en une route garnie de champs cultivés et d'auberges commodes. Cette entreprise fut faite par le marquis Olavides, homme sans mœurs et sans religion, mais plein de génie et de zèle, pour polir sa nation et lui être utile.

Le roi le protégea longtemps contre ses ennemis, mais enfin sa mauvaise conduite, sa prépotence, et surtout son incontinence scandaleuse, forcèrent le prince à le mettre entre les mains de l'inquisition. Je ne citerai qu'une preuve de son mauvais caractère. Étant du conseil du Mexique, il fut condamné à être pendu; sa femme, qui était veuve d'un des principaux membres de ce conseil, et qui, par ses richesses et ses parents, jouissait du plus grand crédit, lui sauva la vie en l'épousant. J'ai souvent été témoin de l'ingratitude effroyable avec laquelle il paya tant de générosité. Il la traitait avec le plus grand mépris, la forçait à vivre avec une certaine doña Gracia, qui était sa maîtresse, chose alors inouïe à Madrid, et dépensait ainsi les richesses que son épouse lui avait abandonnées.

L'abaissement et la modification du tribunal de l'inquisition, dont j'ai été témoin, est une des plus belles époques du règne de Charles III. Depuis le concordat conclu entre l'Espagne et la cour de Rome, il subsistait une défense rigoureuse d'afficher une bulle qui n'aurait pas été approuvée par la cour. Le nonce en avait reçu une, que tous les évêques d'Espagne lui avaient refusé de publier; il gagna le grand inquisiteur, qui crut pouvoir faire usage de son ancienne indépendance en matières ecclésiastiques. Un beau matin nous apprîmes avec étonnement à Saint-Ildefonse, que le grand inquisiteur avait été enlevé de son lit par un détachement de dragons, et conduit dans un fort. L'indifférence méprisante avec laquelle les courtisans racontaient ce fait hasardeux, et le silence presque approbateur du peuple, excitèrent une surprise égale à l'admiration que méritaient le courage et la politique éclairée du roi. Bientôt après, tous les inquisiteurs, abasourdis par ce coup foudroyant, arrivèrent pour demander grâce, et la délivrance de leur chef, qu'on ne leur accorda qu'aux conditions suivantes : qu'ils n'auraient plus rien à leur disposition absolue que la censure des livres, que deux fiscaux royaux siégeraient parmi eux, et que personne ne pourrait être jugé ni condamné sans le consentement de la cour. Ce grand pas vers la lumière, suivi de l'expulsion des Jésuites, autre acte mémorable de Charles III, a ouvert la carrière des sciences qui commencent à prospérer en Espagne.

Je ne puis pas quitter les souvenirs que me donne ce pays, sans citer quelques bizarreries remarquables qui m'y ont frappé. Les habitants de Madrid ont plusieurs usages, qui sont au rebours des nôtres et du sens commun. Par exemple : les jeux de paume sont blancs, et les balles sont noires ; ils portent au marché les noix dans des corbeilles, et les figues dans des sacs ; leur premier plat est la salade, et le dernier la soupe ; et les clefs de la ville de Madrid se trouvent dans une petite maison au dehors de la porte, et toutes les nuits le portier renferme les habitants. Les propos galants, les soupirs et agaceries amoureuses sont exprimés en Espagne dans la classe inférieure des petits maîtres et des dulcinées de ce pays, par de petits hoquets artificiels, que l'estomac profère ordinairement, qui forme entre eux un *duo* singulier, qui doit apparemment imiter le roucoulement de deux tourterelles, mais qui ressemble à quelque chose de fort indécent. Au lieu de l'Opéra, si fameux sous le règne de la reine Barbe, je n'ai vu que des comédies saintes, appelées *Autos sacramentales*, spectacles trop curieux, pour que je n'en dise pas deux mots avant de finir cet article.

La première à laquelle je me suis trouvé, était une pièce allégorique, qui représentait une foire. Jésus-Christ et la sainte Vierge y tenaient boutiques en rivalité avec la mort et le péché, et les âmes y venaient faire des emplettes. La boutique de notre Seigneur était sur le devant du théâtre, au milieu de celles de ses ennemis, et avait pour enseigne une hostie et un calice, environnés de rayons transparents. Tout le jargon marchand était prodigué par la mort et le péché, pour s'attirer des chalands, pour les séduire et les tromper, tandis que des morceaux de la plus belle éloquence étaient récités par Jésus-Christ et la sainte Vierge, pour détourner et détromper ces âmes égarées. Mais malgré cela ils vendaient moins que les autres, ce qui produisit, à la fin de la pièce, le sujet d'un pas de quatre, qui exprimait leur jalousie, et qui se termina à l'avantage de notre

Seigneur et de sa mère, lesquels chassèrent la mort et le péché à grands coups d'étrivières. Une autre pièce assez plaisante et fort spirituelle, est la comédie du pape Pie V. C'est une critique très-bien faite des mœurs espagnoles. Dans la dernière scène on voit ce pape, qui est un saint, sur un trône au milieu de ses cardinaux, et deux avocats plaider devant ce consistoire *pour* et *contre* les belles qualités et les défauts des Espagnols; l'avocat *contre* finit par dénoncer le fandango comme une danse scandaleuse et licencieuse, et digne de la censure apostolique; alors l'avocat *pour* tire une guitare de dessous son manteau et dit, qu'il faut avant tout avoir entendu un fandango avant que de pouvoir en juger. Il le joue, et bientôt le plus jeune des cardinaux ne peut plus y tenir : il se trémousse, descend de son siége et remue les jambes; le second en fait autant; la même envie passe au troisième, et les gagne l'un après l'autre jusqu'au Saint Père, qui résiste longtemps, mais qui enfin se mêle parmi eux ; et tous finissent par danser et rendre justice au fandango.

Mais la plus plaisante de toutes ces saintes farces, est la comédie de l'annonciation. On y voit la sainte Vierge accroupie devant un brasier. Gabriel entre, le manteau sur le nez avec le chapeau rabattu sur la face; il se démasque, laissant tomber son manteau, et paraît en costume de petit-maître espagnol avec deux ailes d'ange. Marie le prie de prendre place auprès du brasier, et lui offre du chocolat; l'ange Gabriel lui répond, qu'il ne peut pas avoir cet honneur-là, par la raison qu'il était invité à manger un Oglio chez le Père éternel. Après bien des discours fort beaux, mais trop longs, arrive le saint Esprit qui danse avec la sainte Vierge un fandango, dont l'expression peint toujours, d'un bout à l'autre, l'acte le plus contraire au mystère dont il s'agit.

J'ai interrogé le nonce, comment il était possible, que les évêques d'Espagne pûssent tolérer des spectacles si ridicules? Il m'a assuré en avoir parlé à plusieurs, que tous lui ont répondu, que tant que le peuple ne s'en moquerait pas, au contraire s'y édifierait, ils les croyaient presque plus utiles que des sermons, qui, en Espagne, sont souvent accompagnés d'intermèdes figurés, et ne ressemblent pas mal à des comédies. Effectivement ces *Autos sacramentales* sont remplis d'une excellente morale, et de morceaux très-pathétiques pour inspirer la dévotion; et j'ai été témoin que, dans une de ces comédies où on représentait la messe sur le théâtre avec l'illusion la plus parfaite, beaucoup de spectateurs se frappaient la poitrine, et que quelques-uns se mettaient à genoux au son de la clochette. Aujourd'hui ces spectacles n'existent plus : le même progrès de l'esprit, qui les a rendus ridicules, les a défendus.

II

LE DUC DE CHOISEUL.

E duc de Choiseul était d'une taille assez petite, plus robuste que svelte, et d'une laideur fort agréable; ses petits yeux brillaient d'esprit; son nez au vent lui donnait un air plaisant, et ses grosses lèvres riantes annonçaient la gaieté de ses propos.

Bon, noble, franc, généreux, galant, magnifique, libéral, fier, audacieux, bouillant et emporté même, il rappelait l'idée des anciens chevaliers français; mais il joignait aussi à ces qualités plusieurs défauts de sa nation : il était léger, indiscret, présomptueux, libertin, prodigue, pétulant et avantageux.

Lorsqu'il était ambassadeur à Rome, Benoît XIV le définissait un fou, qui avait bien de l'esprit. On dit que le parlement et la noblesse le regrettent et le comparent à Richelieu: en revanche ses ennemis disent que c'était un boute-feu, qui aurait embrasé l'Europe.

Jamais je n'ai connu un homme, qui ait su répandre autour de lui la joie et le contentement autant que lui. Quand il entrait dans une chambre, il fouillait dans ses poches, et semblait en tirer une abondance intarissable de plaisanteries et de gaieté. Il ne résistait pas à l'envie de rendre heureux ceux qui savaient lui peindre le bonheur dont il pourrait les combler. Il puisait dans les trésors du crédit pour les obliger, pourvu que cela ne lui coutât pas trop de peine. Au contraire, l'image du malheur lui était insupportable, et je lui ai entendu faire des plaisanteries, qui me paraissaient affreuses, sur les pleurs de la famille de son cousin Choiseul le marin, qu'il avait été obligé de faire exiler pour se mettre à l'abri de ses menées enragées; et voilà comme il s'armait par une feinte dureté contre la facilité et la faiblesse, qui lui étaient naturelles. Je lui ai entendu répondre à madame de Choiseul qui l'appelait un tyran : dites, un tyran de coton! Aussi, un moyen sûr d'obtenir de lui ce qu'on voulait, était de l'irriter auparavant sur un autre objet; cette colère passée, le lion devenait un mouton. J'ai employé deux fois contre lui ce secret que je n'ai communiqué à personne, et sans jamais en avoir abusé.

Une des plus belles qualités de M. de Choiseul était d'être ennemi généreux et ami excellent. Le duc d'Aiguillon, dénoncé au parlement et sauvé par des réticences favorables, que le duc de Choiseul mit dans les témoignages qu'il fut appelé à rendre contre son ancien ennemi, est une des grandes preuves qu'il n'était point haineux. L'attachement constant de ce grand nombre de gens de la cour, qui l'ont suivi dans sa disgrâce à Chanteloup, et qui lui ont été fidèles jusqu'à la mort, prouve combien il avait été leur ami. Le bailli de Solar, ambassadeur de Sardaigne, a éprouvé de lui les effets les plus recherchés et les plus tendres d'une amitié presque filiale. Il est le seul homme que le duc de Choiseul ait traité avec une sorte de respect, peut-être parce qu'il avait été à Rome son instituteur en politique. Le duc lui fit avoir l'ambassade de Paris, la médiation de la paix en 1762, des gratifications immenses, et une abbaye de 50 000 livres de rente. Tous les devoirs pieux, qu'un fils peut rendre à son père, lui ont été prodigués par M. de Choiseul et sa famille dans sa longue et cruelle maladie, étant mort d'un cancer à Paris, peu de temps après les avantages dont son ami l'avait comblé.

Pour moi qui suis payé plus que personne pour vanter, et pour me vanter de son amitié, je dois ajouter que, durant les trente années que j'ai vécu avec lui dans une certaine intimité, il ne m'a jamais perdu de vue un seul instant, et que je n'ai jamais pu m'attirer de sa part aucun refroidissement essentiel, malgré différents torts que j'ai eus envers lui. Il aimait l'audace, et c'est par un propos presque offensant, et que j'avais soutenu avec toute la folie romanesque d'un jeune homme de vingt-deux ans, que j'ai trouvé le chemin de son cœur. Venant d'arriver en 1756 à Frascati pour y passer les deux derniers mois de l'été dans sa maison, il parla peu respectueusement de la margrave de Bayreuth, sœur aînée du roi de Prusse, qui m'avait élevé et envoyé pour remercier le pape de tout ce qu'il avait fait pour elle pendant son séjour à Rome. Je répliquai à M. de Choiseul d'une manière si fière et si piquante en présence de beaucoup de convives, qu'il jeta sa serviette sur la table et se leva avec un air fort échauffé; mes chevaux n'étant pas partis, je les fis remettre, je voulus me retirer. Madame de Choiseul me retint, et je ne restai qu'à condition que M. l'ambassadeur me promettrait de ne jamais rien dire en ma présence de la margrave, que je ne pusse écouter décemment. Il le fit, me traita depuis ce moment avec la plus grande affection, et le roi de Prusse ayant levé le mois d'après le bouclier contre la France, par son entrée en Saxe, dont j'appris la première nouvelle, M. de

Choiseul n'a depuis jamais tenu aucun propos désobligeant contre la margrave et son frère, sans m'en demander plaisamment la permission.

Sa pétulance audacieuse a été mise au jour dès le premier carnaval de son ambassade à Rome. Cette histoire, qui a fait tant de bruit, a été estropiée et trop mal jugée, pour que je ne la rapporte pas, d'autant plus que je la tiens de source. On avait donné au gouverneur de Rome la loge que les ambassadeurs de France avaient eue au théâtre d'Aliberti, et, par mégarde ou par malice, on oublia de la rendre à M. de Choiseul, qui voulut absolument la ravoir, quoiqu'il n'aimât pas la musique italienne. Le gouverneur prétendit que, représentant la personne du pape, sa présence était nécessaire au spectacle, et qu'il ne céderait pas. A la première représentation, M. de Choiseul arma ses gens, ayant appris que le gouverneur voulait arriver avec main forte, et lui fit dire que, s'il osait entreprendre la moindre violence pour entrer dans cette loge, il le ferait jeter dans le parterre. Tout Rome fut pétrifié. Le pape ne sachant que dire, chargea le cardinal Valenti de faire une mercuriale à l'ambassadeur. Ce prélat, qui avait beaucoup de dignité et d'éloquence, composa une harangue très-énergique, qu'il débita avec l'assurance de terrasser le jeune ambassadeur. Savez-vous ce qu'il me répondit? me dit le cardinal, qui m'a raconté toute l'histoire l'année d'après : il claqua des doigts (c'était son geste favori d'insouciance) presque sous mon nez, et me dit : vous vous moquez de moi, monseigneur, voilà trop de bruit pour un petit prestolet, quand il s'agit d'un ambassadeur de France; ensuite il fit une pirouette sur le talon et sortit. Ces incartades qui contrastaient avec la gravité romaine et celle des ambassadeurs, qu'ils avaient vus jusque-là, devaient naturellement faire un mauvais effet contre M. de Choiseul, et lui donner la réputation d'un jeune étourdi peu fait pour sa place. Mais, après les premiers propos, on ne vit en lui qu'un homme d'esprit soutenu par sa cour, et capable de tout dans de plus grandes entreprises, ayant tout osé pour si peu de chose. Il fut craint, respecté et bientôt courtisé, aimé et admiré par les Romains, éblouis de sa magnificence et des grâces de la cour qu'il procurait à ses clients. Il fut chéri par Benoît XIV à cause de la gaieté de son esprit, et la morgue romaine resta déconcertée pour toujours devant son maintien dégagé et burlesque. Voilà comme les objets dont la puissance sacrée ne repose que sur l'opinion, perdent leur valeur par un peu de courage, de dédain et de ridicule.

M. de Choiseul avait mené une vie dissipée et libertine dans sa première jeunesse. Nommé ambassadeur à Rome, il était encore fort ignorant, il lisait peu, mais n'oubliait jamais rien de ce qu'il avait lu ; son esprit prompt, adroit, pénétrant et juste, entendait à demi-mot, devançait les explications et cachait son ignorance en éblouissant par sa perspicacité. Aussi se contentait-il de savoir l'essentiel des choses, abandonnant les détails aux secrétaires et à ses commis. Il écrivait de sa main les dépêches les plus secrètes sans faire un brouillon, il n'en gardait pas de copies, et les envoyait par des courriers. Son écriture était si illisible, qu'un ministre fut obligé un jour de renvoyer la dépêche, en alléguant l'impossibilité de la déchiffrer. Il travaillait peu et faisait beaucoup. Ses intrigues et ses plaisirs lui enlevaient un temps considérable, mais il le regagnait par la promptitude de son génie et la facilité de son travail. Il avait imaginé différents moyens de l'abréger et de le simplifier ; entr'autres, une manière de réduire un grand nombre de lectures et de signatures à une seule. La voici : chaque courier lui apportait une corbeille pleine de lettres et de placets, que lui, comme ministre de la guerre, aurait dû lire ; il n'en faisait rien : premièrement, parce que c'était presque impossible, et puis, parce qu'il avait bien autre chose à faire. Un commis les lisait pour lui, et formait une colonne à mi-marge, des numéros et des précis de ces lettres. Il en faisait la lecture au ministre qui lui dictait la substance de ses résolutions, et qui était écrite vis-à-vis, à la marge. Cela fait, le ministre parcourait le tout, et signait. Ensuite cette feuille se remettait à un autre commis, qui en faisait les réponses, lesquelles ne se signaient qu'avec la griffe, et partaient sans être revues par le ministre; mais l'original de toutes ces expéditions, déposé aux archives, était un document permanent qui obviait à tous les abus de l'estampille.

Jamais il n'y a eu un ministre aussi indiscret dans ses propos que M. de Choiseul; c'était son défaut principal. Sa légèreté, la fougue de son esprit, son goût pour les plaisanteries, et souvent l'effervescence de sa bile, en étaient les causes naturelles. Cependant il y en avait encore d'autres plus nobles dans le fond de son cœur, qui font presque honneur à son indiscrétion : la sincérité de son âme haïssait, autant que la justesse de son esprit, tout ce qui était faux; et l'élévation de son caractère dédaignait les réserves timides et le pédantisme minutieux de la politique. L'expérience l'ayant amené enfin à reconnaître son défaut, il a mieux aimé s'en faire un jeu, que de s'en corriger. Il inventait des indiscrétions pour donner le change, et il se consolait d'un embarras par le plaisir de s'en tirer ; car la prérogative la plus éminente de son génie était l'art de trouver remède à tout. Il était l'homme du moment pour jouir, faillir, et réparer, vraiment prodigieux pour trouver des expédients ; et, s'il avait vécu jusqu'à la révolution, lui seul peut-être aurait été capable d'imaginer un moyen pour l'arrêter.

De tant de bons mots qu'il a dits, je n'en rapporterai qu'un, le meilleur à mon gré, et qui prouve que, même dans la colère, la promptitude de son esprit et la gaieté supérieure de son humeur, ne l'abandonnaient pas pour se tirer d'affaire. Un officier qui l'importunait sans relâche à toutes ses audiences, pour obtenir la croix de Saint-Louis, se mit enfin entre lui et la porte, par laquelle ce ministre voulait s'échapper, pour le forcer à l'écouter. Outré de cette impertinence, il s'emporta au point de lui dire : Allez-vous faire ... mais la réflexion que c'était un militaire et un gentilhomme, l'arrêta, et voici comme il se reprit pour achever la phrase : Allez vous faire protestant, et le roi vous donnera la croix de mérite.

Il n'aimait les honneurs, la richesse et la puissance que pour en jouir et en faire jouir ceux qui l'entouraient.

Le duc de Choiseul était beaucoup moins fier de sa place que de sa personne. Quand il pensait à sa naissance, il se rappelait qu'anciennement un homme de qualité aurait cru se dégrader en acceptant une charge de secrétaire d'État, et que tous avant lui, hormis l'abbé de Bernis, avaient été gens de robe, et d'après cela il croyait faire beaucoup d'honneur à Louis XV de vouloir bien être son ministre. Quoique tout le monde sût que la France, jadis si redoutable, n'était plus à craindre, que Louis XV était décidé à tout prix de n'avoir plus de guerre, et que la mauvaise opinion qu'on avait de ses finances, surpassant la réalité, était confirmée par lui-même, qui disait souvent à ses gens : Ne mettez pas sur le roi, cela ne vaut rien! le duc de Choiseul néanmoins soutenait encore la dignité de cette couronne et le respect qu'on lui portait. L'Europe avait une terreur panique de son audace incalculable. Cependant on se trompait : il se faisait plus méchant qu'il n'était ; il n'aurait jamais osé compromettre son maître au delà des bornes qu'il lui avait absolument prescrites.

On raconte que le duc de Choiseul, étant à Rome, avait eu du général des jésuites l'aveu d'avoir été noté par eux comme ennemi de leur ordre sur un propos inconsidéré, qu'il avait tenu dans sa première jeunesse, et l'on prétend que l'horreur, que lui avait inspirée une inquisition si recherchée, était la cause de tout ce qu'il a fait depuis contre eux. On se trompe : c'est une succession de torts de leur part, et d'autres circonstances qui en ont fait leur ennemi. Indigné de la persécution affreuse, que le parti moliniste en France avait suscitée aux mourants par le fameux régime des billets de confession, l'ambassadeur travailla de bon cœur, et d'après ses instructions, à les contrecarrer auprès de Benoît XIV, qui ne les aimait pas. Alors ce furent les jésuites qui se déclarèrent ses ennemis, et ne cessèrent de le persécuter par le parti des dévots. Dans les premières années de son ministère, ils se servirent du duc de la Vauguyon, pour engager M. le Dauphin à remettre au roi un mémoire plein de calomnies contre M. de Choiseul qui, s'étant justifié, obtint la permission de s'en expliquer vis-à-vis de M. le Dauphin, auquel son père avait fait une vive semonce. Ce prince malgré cela n'ayant pas reçu convenablement M. de Choiseul, celui-ci eut la hardiesse de lui dire : Monseigneur, j'aurai peut-être le malheur d'être un jour votre sujet, mais je ne serai jamais votre serviteur!

Madame de Pompadour, amie et protectrice de M. de Choiseul, était encore plus que lui en butte à la haine de M. le Dauphin, de madame la Dauphine, et de tout le parti dévot.

Voilà les intérêts communs que les cours de Madrid et de Lisbonne, auteurs principaux de la ruine des jésuites, employèrent pour favoriser leurs desseins. M. de Choiseul qui, dès lors, avait l'idée du pacte de famille en tête, crut avoir trouvé un moyen de s'ancrer dans l'esprit de Charles III, en se vouant à lui pour perdre les jésuites en France. Les parlements les avaient proscrits, mais il fallait le consentement du roi pour les expulser, et le roi avait une secrète inclination pour cette société, qui avait pour elle toute la famille royale et un grand parti au conseil et à la cour. Le duc de Choiseul nous a dit depuis, dans sa retraite de Chanteloup, qu'il s'était bien gardé de paraître son ennemi aux yeux de son maître, mais qu'il avait constamment dicté au roi d'Espagne ce qu'il fallait dire à celui de France, avec lequel il correspondait de main propre. Au reste, il me paraît que ce ne sont ni les cours ni les ministres, mais les jésuites eux-mêmes, qui se sont perdus; ce sont leurs trafics d'argent en France, leurs imprudences en Espagne, et surtout l'orgueil, l'opiniâtreté, et la sotte témérité de leur général, qui ont ourdi et consommé leur ruine. Quand on manda à ce dernier que le P. Malagrida était arrêté comme complice de l'assassinat du roi de Portugal, beaucoup d'amis des jésuites se trouvaient rassemblés à un dîner chez le cardinal Negroni avec le P. Ricci ; tous lui conseillèrent d'écrire sur-le-champ au roi de Portugal, que quoique persuadé de l'innocence de Malagrida, son ordre implorait provisoirement pour lui la clémence de S. M. T. F. ; mais le général fut inflexible : il écrivit une lettre folle, pour soutenir qu'un jésuite ne pouvait être jugé que par la société, et la société fut chassée du Portugal. C'est le P. Adami, ci-devant général des servites et un des convives de ce dîner, qui m'a conté cette anecdote. Une autre, que je tiens de M. de Choiseul, est une preuve encore plus grande de l'imprudente témérité du P. Ricci. On avait mis sous les yeux de Louis XV la thèse, que les jésuites ont soutenue de tout temps, et avaient osé agiter de nos jours à Montpellier, qu'il était permis de tuer un tyran ou un roi qui était contraire à la religion catholique. Le prince se rappelant sans doute la tentative de son assassinat, parut frappé ; le maréchal de Soubise, organe principal du parti dévot au conseil, dit qu'il suffisait de demander au général de condamner et de prohiber pour jamais une thèse, qui datait de très-loin, et qui, de nos jours, était monstrueuse. Alors le roi ordonna à M. de Choiseul d'écrire à Rome pour cet effet, et ce ministre crut l'occasion manquée pour longtemps, d'arracher le consentement du roi, nécessaire à l'exécution de l'arrêt du parlement ; mais le général Ricci refusa avec une arrogance incroyable de faire ce qu'on lui demandait, disant que la condamnation de cette thèse, qui n'avait jamais été qu'un exercice d'esprit, impliquerait l'idée d'une doctrine, et aurait l'air de désavouer une opinion, dont le simple soupçon serait déshonorant pour son ordre, et c'est alors qu'il prononça cette fameuse sottise : *sint ut sunt, aut non sint.* Une telle effronterie décida le sort des jésuites en France et prépara la possibilité de leur extinction. Clément XIV qui les craignait encore plus qu'il ne les haïssait, les a défendus encore longtemps, et le cardinal de Bernis m'a dit qu'on n'a pu forcer ce pape à lâcher la bulle, que par la menace positive de publier la promesse, écrite de sa main, d'abolir l'ordre des jésuites pour obtenir la tiare, et par conséquent le crime honteux d'une simonie. On croit presque généralement, que Clément XIV a été empoisonné par les jésuites : pour moi je n'en crois rien. Ils n'étaient pas gens à commettre des crimes inutiles, ce poison aurait été moutarde après dîner. Le marquis de Pombal, Charles III et le duc de

Choiseul sont morts fort naturellement, voilà les preuves de mon opinion. Clément XIV est mort de la peur de mourir; son idée fixe était le poison, et la putréfaction subite de son cadavre n'a été que l'effet de l'angoisse horrible qui l'a tué. Je suis persuadé que les jésuites existeraient encore, s'ils avaient été aussi méchants qu'on les a supposés.

L'on a reproché à M. de Choiseul d'avoir dilapidé les finances. J'ai été témoin, qu'après la mort de madame de Pompadour, il s'est donné beaucoup de peine pour s'instruire sur cet objet, et pour chercher des remèdes: il a consulté surtout Forbonnais et M. de Mirabeau, qui tous deux m'ont dit avoir été étonnés de la perspicacité, avec laquelle il approfondissait des matières si difficiles. Mais réfléchissant sur l'impossibilité de remédier à des désordres fondés sur la faiblesse du roi, sur de longs abus, et sur l'avidité insatiable des gens de la cour, il a désespéré de pouvoir combiner des projets d'économie avec le maintien de son crédit et de la faveur. Il ne s'est plus occupé qu'à faire nommer des contrôleurs-généraux, qui lui fussent dévoués, à se procurer tous les fonds nécessaires au succès des départements dont il était chargé, et à être le distributeur des grâces du roi. Toutefois, on ne peut lui reprocher la prodigalité relativement à lui-même, et le compte qu'il a rendu des épargnes faites dans ses départements, a prouvé également son honnêteté et ses talents pour l'économie.

M. de Choiseul, qui a toujours visé à se rendre indépendant et inamovible, aurait bien voulu obtenir la charge de surintendant des finances. La comptabilité rigoureuse, imposée à cette place, lui aurait donné le droit de refuser toutes les demandes indiscrètes, même celles du roi, et fourni l'excuse bien légitime de dire : Sire, il y va de ma tête Mais Louis XV pressentait bien un tel inconvénient, et avait de plus une répugnance invincible à faire revivre aucune de ces anciennes grandes charges de la couronne. Au reste, si l'on compare la dette de Louis XV à celle de Louis XVI, et le déficit sous ce dernier règne aux ressources que la révolution a découvertes et dilapidées, on trouvera qu'il n'y avait pas de quoi tant crier contre Louis XV, ni qu'il ait été nécessaire de convoquer les états généraux, pour peu qu'on eût voulu employer une petite partie de ces ressources.

Si M. de Choiseul avait eu autant d'attachement et de déférence pour sa femme que pour sa sœur, il s'en serait bien mieux trouvé; il aurait eu des amis moins nombreux, moins gais et moins flatteurs, mais plus vertueux, plus sages et plus désintéressés que n'étaient ceux, dont madame de Grammont, et l'espoir de tout obtenir par elle, l'avaient environné. Il n'aurait pas eu les ennemis, qu'elle lui attirait par son arrogance, ses préventions, et les abus qu'elle faisait de son crédit; et le cœur excellent de son frère aurait été préservé contre l'écorce qui se forme autour de celui des ministres.

Madame de Choiseul a été l'être le plus moralement parfait que j'aie connu : elle était épouse incomparable, amie fidèle et prudente, et femme sans reproche. C'était une sainte, quoiqu'elle n'eût d'autres croyances que celles que prescrit la vertu; mais sa mauvaise santé, la délicatesse de ses nerfs, la mélancolie de son humeur, et la subtilité de son esprit, la rendaient sérieuse, sévère, minutieuse, dissertatrice, métaphysicienne, et presque prude. Voilà du moins comme elle était représentée à son mari par sa sœur, et le cercle joyeux qui se divertissait chez elle. Malgré cela, il était pénétré d'estime, de reconnaissance, et de respect pour une femme qui l'adorait, qui lui conciliait les ennemis de sa sœur, et à qui son cœur rendait la justice d'avoir une vertu plus pure, plus solide, et plus méritoire que n'était la sienne.

La duchesse de Grammont était plus homme que femme; elle avait une grosse voix, le maintien hardi et hautain, des manières libres et brusques : tout cela lui donnait un air tant soit peu hermaphrodite. Elle possédait les qualités de son frère, mais plus prononcées, ce qui leur donnait une teinte rude, et choquante dans une femme. Cette ressemblance avec M. de Choiseul, jointe à l'art de savoir l'amuser, lui avait donné un empire sur lui, qu'elle affichait avec une insolence essentiellement nuisible à la réputation et même à la fortune de son frère; car cette femme impérieuse et tranchante a beaucoup accéléré la chute de M. de Choiseul, tandis qu'elle aurait été au moins retardée par l'intérêt extrême que madame de Choiseul inspirait au roi, à toute la cour, et même aux ennemis de son mari.

Tout le monde a su que Louis XV exilant ce ministre à Chanteloup, dit qu'il l'aurait traité bien plus durement, sans sa considération pour madame de Choiseul, et qu'il ne lui sut aucun mauvais gré de la lettre pleine de fierté qu'elle lui avait adressée, en refusant une pension de 50 000 francs que le roi lui offrait. Après avoir sacrifié à son mari tous ses biens disponibles, jusqu'à ses diamants, elle a encore consacré après lui toutes les rentes dont elle avait l'usufruit à sa mémoire, s'est réduite avec un laquais et une cuisinière à la dixième partie de son revenu, pour acquitter les dettes de M. de

Choiseul, et a payé jusqu'à la révolution plus de 300000 écus par an, pour achever de les éteindre. Aussi sa personne a-t-elle été respectée, même par les monstres de cette révolution, tandis que sa belle-sœur a été traînée par eux au supplice, sans démentir son caractère plein de courage et d'orgueil, traitant ses bourreaux comme des valets.

On a débité, surtout en Angleterre, que M. de Choiseul, pour se soutenir un peu plus longtemps, avait tâché d'impliquer la France dans une guerre, qui était sur le point d'éclater entre l'Espagne et l'Angleterre, au sujet des îles Falkland. Cela est faux. J'ai su par le prince de Masserano, alors ambassadeur d'Espagne à Londres, et vingt ans après par un commis des affaires étrangères, que le duc de Choiseul a fait en cette occasion deux démarches trop longues à rapporter ici, aussi hardies que désintéressées, pour maintenir la paix. Au reste, ce ministre ne tenait déjà plus à sa place. Sa santé était altérée; enfant gâté de la fortune et de la faveur, il ne pouvait supporter aucun dégoût; fatigué des bonheurs de la cour, il souhaitait être heureux d'une autre manière, et il bâtissait des châteaux en Espagne sur Chanteloup.

Il lui aurait été bien facile de s'arranger avec madame du Barry, qui ne demandait pas mieux que d'être tirée des griffes rapaces et tyranniques de son beau-frère, de ses protecteurs, et de tous les roués dont elle était l'instrument. Elle était d'ailleurs une bonne créature, fâchée d'être employée à faire du mal, et dont l'humeur joyeuse eût raffolé de M. de Choiseul, dès qu'elle l'aurait connu. Le roi aurait certainement fait l'impossible pour favoriser et consolider l'union de sa favorite avec son ministre, qu'il était très-fâché de perdre; rien ne le prouve mieux qu'un billet qu'il lui écrivit dans les derniers temps, où ils s'écrivaient plus qu'ils ne se voyaient. M. de Choiseul se plaignant à son maître d'une horrible tracasserie, dont il était menacé, celui-ci lui répondit : « Ce que vous imaginez est faux, on vous trompe; défiez-vous de vos alentours que je n'aime pas. Vous ne connaissez pas madame du Barry, toute la France serait à ses pieds, si » ..... signé Louis. Ce billet que j'ai vu, n'exprimait-il pas le vœu d'un accommodement, la prière de s'y prêter, et l'aveu bien étrange pour un roi, que le simple suffrage de son ministre ferait plus que tout ce qui était en la puissance royale? Il est étonnant que le cœur sensible de M. de Choiseul ait résisté à tant de bonté, à l'envie de jouer tous ses ennemis, et à la certitude de régner plus commodément à l'aide d'une femme, qui aurait été entièrement à ses ordres : il est encore plus surprenant que, répugnant à s'avilir par la moindre démarche honteuse, sachant qu'il serait exilé, il n'ait pas donné sa démission, surtout avec ces dispositions à la retraite, dont j'ai parlé plus haut. Mais il ne prévoyait pas, qu'en l'exilant, on le traiterait avec tant de rigueur, qu'on le forcerait à se démettre de sa charge de colonel-général des Suisses, dans laquelle il se croyait inamovible, et ne savait rien des moyens aussi singuliers que noirs, qui furent mis en œuvre par le chancelier, dans les derniers moments, pour irriter le roi, et le disposer à des actes de violence. On employa des billets que le duc de Choiseul avait écrits anciennement à M. de Maupeou, lorsqu'il était encore premier président, dans un temps de dissension entre le parlement et la cour, et où il convenait au bien public que le premier ne se rendît pas d'abord aux volontés du conseil d'État; ces billets contenaient des exhortations à résister, des conseils pour se conduire, et des promesses de le seconder; ces billets, qui n'étaient pas datés, furent montrés au roi, comme venant d'être adressés au premier président actuellement, au lieu d'obvier aux troubles, qui ont éclaté depuis avec tant de violence. M. de Choiseul fut par là sourdement convaincu d'avoir des liaisons criminelles avec le parlement, qu'on savait lui être fort dévoué, et d'avoir voulu attenter à la puissance royale, qu'il n'aimait pas trop. Ne prévoyant aucune de ces menées, on dirait qu'il ait voulu ne rien déranger à la belle porte qu'on lui construisait pour sa sortie triomphale; aussi sa chute et son existence à Chanteloup ont-elles été plus brillantes que les plus beaux jours de sa faveur. La moitié de la cour a déserté Versailles, pour se rendre à Chanteloup; et le peuple de Paris bordait les rues, depuis son hôtel jusqu'à la barrière d'Enfer, le comblant d'acclamations honorables, ce qui fit à ce ministre, qui n'avait jamais été populaire, une impression si sensible, qu'il dit les larmes aux yeux : «voilà ce que je n'ai pas mérité. »

M. de Choiseul a eu le malheur de s'attirer une calomnie, aussi horrible que dénuée de preuves et de vraisemblance, par un propos le plus étrange et le plus inconsidéré qu'il ait jamais tenu. J'y étais et j'en ai frémi. Madame la Dauphine se mourait. Tronchin avait été appelé, et se disputait violemment avec les médecins de la cour. Le roi se trouvait à Choisy, et M. de Choiseul revenant à Paris pour souper, conta d'un air fort échauffé, que le roi avait reçu un billet de Tronchin, dans lequel il disait, que l'état de madame la Dauphine manifestait des symptômes si extraordinaires, qu'il n'osait pas les confier au papier, et qu'il se réservait d'en informer Sa Majesté de bouche, à son retour : Que veut dire ce coquin de charlatan? prétend-il insinuer, que j'ai empoisonné madame la Dauphine? Si ce n'était le respect que j'ai pour M. le duc d'Orléans, je le ferais mourir sous le bâton. C'est un propos inconcevable, qui a germé longtemps et qui lui a valu l'accusation affreuse, non-seulement d'avoir empoisonné madame la Dauphine, mais même le Dauphin.

Je m'en vais me permettre de rapporter un de mes bons mots, non parce qu'il est de moi, et qu'il a le mérite de n'être qu'un seul mot, mais parce qu'il a été raconté comme une réplique, adressée à une petite maîtresse étourdie, pour lui faire sentir son inconvenance, tandis que je l'ai dit à la femme la plus prudente, la plus respectable et la plus discrète que j'aie connue.

Je revenais en 1768 à Compiègne de Calais, où j'avais embarqué le roi de Danemark, qui se rendait de Dunkerque à Londres. Je jouais aux échecs avec la duchesse de Choiseul. Le monde qui avait rempli le salon s'étant écoulé, et madame de Choiseul croyant que nous étions tout seuls, me dit : On dit que votre roi est une tête,... et moi voyant un homme qui était derrière elle, je répondis en baissant les yeux : « couronnée. Elle s'avisa tout de suite que quelqu'un nous écoutait : Pardon, me dit-elle, vous ne m'avez pas laissé achever, je voulais dire, que votre roi est une tête qui annonce les plus belles espérances.

III

LE DAUPHIN[1].

MONSIEUR le Dauphin, fils de Louis XV, aimait les sciences et lisait beaucoup. Son grand désir était de donner à ses enfants un gouverneur habile et savant; malgré cela il leur donna un homme inepte et ignorant. Voici comme la chose se passa.

Le duc de la Vauguyon, affilié des jésuites et n'ayant point d'autre mérite que celui d'être leur esclave, était le sujet auquel M. le Dauphin et le parti des dévots destinaient cette place. Les personnes du service intérieur de M. le Dauphin qui leur étaient dévouées, les informaient tous les matins du livre que ce prince lisait, et de la page, où il était resté; en conséquence les teinturiers de M. de la Vauguyon lui arrangeaient un précis de tout ce qu'il était possible de savoir sur cette matière,

1. Né en 1729, mort le 20 décembre 1765.

et les compères mettant la conversation sur le même sujet en présence de M. le Dauphin, leur protégé bien endoctriné parlait, non pas comme un livre, mais comme une bibliothèque; et il fut choisi.

M. le Dauphin a eu la réputation d'avoir été extrêmement bigot; on s'est trompé. Ce n'est pas lui qui, par goût ou par dévouement, s'était mis à la tête des dévots : c'étaient eux et son épouse, qui, placés derrière lui, le poussaient en avant comme étant leur chef, et peut-être était-il bien aise de jouer un rôle qui lui donnait quelque crédit.

Il haïssait les philosophes, et non la philosophie, car sa piété était éclairée, et sa politique prévoyait les dangers de l'irreligion.

Il lisait tous les livres les plus défendus, et une petite anecdote* de ses derniers moments prouve qu'il envisageait la mort avec calme d'esprit, et que son respect pour les cérémonies religieuses ne l'empêchait pas de plaisanter. Après l'acte des saintes-huiles, le roi sortit, appela le duc de Gontaut et lui dit : Je viens d'être bien étonné. M. le Dauphin s'est mis à rire au milieu des cérémonies, je lui en ai demandé la raison, et il m'a répondu : Demandez à M. de Gontaut, qu'il vous raconte l'histoire du bailli de Grilles.

La voici : cet officier, commandant les grenadiers à cheval, était mourant d'une fièvre maligne; on lui avait mis force vésicatoires aux pieds, et lorsqu'on lui appliqua les saintes-huiles, sa tête était fort embarrassée. Quand il fut rétabli, on lui demanda, s'il avait eu beaucoup de douleurs? Pas trop, répondit-il, il n'y a que l'extrême-onction, qui m'a fait un mal de tous les diables.

On se trompe souvent en jugeant les opinions religieuses des princes sur l'extérieur de leurs pratiques. L'impératrice Marie-Thérèse a passé sa vie au milieu des reliques, des images miraculeuses, et des démonstrations puériles de la bigoterie la plus aveugle. Mais, après avoir su par son médecin le nombre d'heures qui lui restaient encore à vivre, elle se dépêcha de recevoir tous les sacrements; et, cela fait, elle ne regarda plus aucun objet matériel de sa dévotion précédente, pas même le crucifix, expédia encore plusieurs affaires, et termina sa vie assise sur un canapé, au milieu de sa famille.

IV

LE MASQUE DE FER.

'ANNÉE 1756 a été la plus heureuse de ma vie, elle m'a comblé à l'âge de vingt ans de toutes les jouissances de l'Italie et de Paris.

Je vivais à Rome au sein des beaux arts et chez le comte de Stainville, alors ambassadeur de France, dans l'intimité d'une société, dont les agréments étaient au-déssus de tout ce que j'ai trouvé depuis à Paris de plus exquis en ce genre.

C'étaient avant tout le maître de la maison dans toute la fraîcheur de sa joyeuse amabilité, et madame de Stainville à l'âge de dix-sept ans, pleine de grâces, de gaieté, et annonçant déjà les qualités solides de son cœur et de son esprit. Puis il y avait le bailli de Solar, l'abbé Barthélemy, le président de Cotte, la Condamine, le marquis d'Alem et M. Boyer de Fondcolombe qui composaient ce cercle, et les mêmes personnages se trouvant réunis quelques années après autour de M. de Choiseul, devenu ministre des affaires étrangères, nous nous rappelions souvent nos belles soirées de Rome et de Frascati, les différents sujets de conversation, qui nous avaient intéressés davantage, et entr'autres le masque de fer.

Notre curiosité eut soin de réchauffer celle que M. de Choiseul avait partagée avec nous, et ce ministre nous promit qu'il emploierait tous les moyens qui étaient en son pouvoir, pour approfondir ce mystère.

Il commença par faire faire les recherches les plus soigneuses dans le dépôt des affaires étrangères, et il ne trouva rien.

Ensuite il fut au roi qui, lui nommant successivement différents personnages, auxquels on avait appliqué cet événement, fit connaître par ses défaites qu'il ne voulait pas parler.

Alors on s'adressa à madame de Pompadour qui fit réellement l'impossible pour vaincre la résistance du roi. Mais, après avoir essuyé plusieurs rebuffades, voici le discours mémorable que ce prince lui tint : Cessez de me tourmenter sur ce sujet, je ne puis pas vous le dire, c'est le secret de l'État. Après MM. de Louvois et Chamillard, personne n'en a eu connaissance que M. le Régent et le cardinal de Fleury; ce dernier m'en a instruit, il n'y a au monde que moi qui le sache, et il doit être enterré avec moi.

Eh, quel devait donc être ce vieux secret d'État que le roi n'osait pas révéler à l'homme et à la femme en place, qui les savaient tous, ceux du moment, ordinairement plus importants que ceux du temps passé! Toutes les explications de ce mystère politique que l'imagination a pu inventer, ne sont pas à l'épreuve de ce discours du roi, même la supposition, que Louis XIV, puîné, ait exclu un frère aîné par une faute de sa mère et par la nécessité de le soutenir, n'était pas une flétrissure de la mémoire de ce monarque, et n'altérait point les droits de son successeur à la couronne.

On est tenté de croire, que ce secret aurait pu donner atteinte à ces droits et qu'une telle considération devait imposer à Louis XV un silence éternel. Il fallait que la chose eût un rapport si direct et si important à la personne de ce prince, qu'il ne pût pas la découvrir sans rougir ou s'exposer. Comme on a pris grand soin d'effacer toutes les traces de cette ténébreuse affaire, on en reste aux conjectures.

Peut-être la suivante s'accorderait-elle avec le discours de Louis XV à madame de Pompadour, que j'atteste sur mon honneur être véritable et exactement tel qu'il nous a été rendu le lendemain par M. de Choiseul, lequel n'a cessé depuis, étant ministre de la guerre, de faire encore les recherches les plus soigneuses dans les archives de ce département et dans celles de la Bastille, sans obtenir le moindre éclaircissement sur cet objet.

J'ai trouvé, il y a longtemps, dans un vieux livre, dont j'ai malheureusement oublié le titre, une anecdote applicable au masque de fer; je me souviens seulement que c'était des mémoires d'un officier général, qui se disait « *confident intime de la reine Anne d'Autriche.* » Il raconte, qu'étant arrivé de Paris à Lyon, où Louis XIII se trouvait à l'occasion de la guerre de Savoye, le roi lui avait demandé, quelles nouvelles il apportait? ayant répondu : qu'on disait la reine grosse. Ce monarque, après avoir rêvé un moment, s'était écrié en frappant du pied : Cela n'est pas possible!

Essayons de bâtir une hypothèse sur cette anecdote. Supposons que la reine, enceinte du cardinal, ait chargé son confident de sonder le terrain, pour s'assurer si le roi aurait bonne mémoire et se donnerait la peine de calculer; que cette princesse, apprenant les marques de défiance et d'emportement de son mari, redoutable pour sa cruauté, ait craint de publier sa grossesse, qu'elle soit accouchée secrètement, et qu'après la mort de Louis XIII, elle et le cardinal, restés maîtres absolus en France, aient cédé au désir de mettre leur enfant sur le trône, et de l'échanger contre le fils légitime du roi, et que la tendresse maternelle ait sauvé de la mort, et condamné son autre fils à porter ce masque de fer, lorsqu'on s'est aperçu de sa grande ressemblance avec son frère. Cette hypothèse pourrait cadrer avec le propos essentiellement important de Louis XV à madame de Pompadour, car ce monarque se serait également déclaré par là illégitime successeur de ses ayeux.

V

NECKER.

Les causes éloignées, qui ont produit la révolution sont si nombreuses, et les prochaines si défigurées par les passions des partis, leur champ a été si vaste et leurs routes si tortueuses, que jamais historien ne se tirera de ce labyrinthe, pour en rapporter un ensemble juste, vrai et satisfaisant. Combien ne se trompent donc pas ceux qui de nos jours ne voient dans les causes prochaines, que deux fantômes créés par leur ignorance ou leur désespoir. Pour un des partis, c'est la reine; pour l'autre, c'est M. Necker, qui a été la cause unique de la révolution. Comme cette dernière imputation est sans comparaison la plus fausse et la plus injuste, que j'ai connu pendant trente ans cet homme célèbre et malheureux, crucifié pour avoir voulu sauver le peuple, et que j'ai vu de près les deux faces opposées de la révolution, l'amour de la vérité et ma conscience me pressent de dire ce que j'en sais, et surtout de peindre M. Necker.

Il était grand de taille, de caractère sérieux, froid, roide et taciturne, ce qui le faisait paraître orgueilleux, dur et rébarbatif; son esprit plus abstrait que brillant, sa politesse plus mesurée que prévenante, et son cœur moins sensible que juste, le rendaient peu aimable, mais infiniment estimable. Il affectionnait plus le genre humain que ses amis, pour lesquels il ne faisait presque rien; il aimait mieux voir en grand qu'en petit, et son ambition vertueuse s'était livrée à l'espérance de devenir le bienfaiteur d'une grande nation.

Peu de temps après son arrivée à Paris, il se fit connaître par la générosité, avec laquelle il offrit tout ce qu'il possédait alors à son ami le banquier Thélusson, qui éprouvait un embarras alarmant dans ses affaires; il devint son associé, et leur maison prospérant beaucoup, on attribua ces succès à l'habileté de M. Necker. Bientôt sa réputation s'accrut par le rôle qu'il jouait à la compagnie des Indes, dont il était syndic, et par ses liaisons avec les gens de lettres. La république de Genève l'ayant nommé son ministre, il parut à la cour, fut consulté, fit des plans de finance, composa l'éloge de Colbert, et publia son fameux livre sur le commerce des grains, qui réfutait le système des économistes. L'ensemble de toutes ces productions, joint à des mœurs pures, des actes de charité, des procédés nobles et une conduite pleine de sagesse et de droiture, donnèrent de lui l'idée d'un homme distingué par ses connaissances, son génie et ses vertus. La voix publique l'appela pour la première fois au secours de l'état, et le jeune roi, attentif à la voix du peuple, le créa directeur de ses finances. La guerre avec les Anglais, qui survint, dérangea d'abord tous ses plans. M. de Sartine, ministre de la marine, l'assassina par l'émission perfide et clandestine de dix fois plus de billets qu'on ne lui avait permis de créer sur le crédit de son département. Necker, au désespoir, prétendit qu'on optât entre lui et Sartine. M. de Maurepas fit pencher la balance en faveur de ce dernier, et M. Necker, qui avait déjà expérimenté la presqu'impossibilité de faire du bien, se retira en 1781 sans regrets, et sans accepter la pension qu'on lui offrait. Il ne fut regretté bien véritablement que par les créanciers de l'état. Son successeur, M. de Calonne, l'éclipsa totalement par son amabilité, les charmes de son éloquence et l'enchantement de ses largesses. Mais bientôt les profusions de ce ministre le forcèrent à mesurer l'abîme qu'il creusait, et à changer de conduite. Jusque-là, il n'avait travaillé qu'à se maintenir, mais calculant l'impossibilité de la durée des moyens qu'il employait, son esprit supérieur vit jour à la possibilité d'appliquer un grand remède à la grandeur du mal, et conçut l'espérance courageuse d'abattre les abus et d'établir un nouvel ordre de choses. Ne pouvant plus solder la reine, les princes et la cour, il se tourna vers M. de Vergennes, le seul homme en qui Louis XVI avait une véritable confiance. Il obtint par lui la parole d'honneur du roi de le seconder dans son projet et de tenir ferme jusqu'au bout, convoqua une assemblée des notables et l'ouvrit par un discours le plus éloquent, le plus beau et le plus ingénieux, qui peut-être ait jamais été prononcé; il commençait par le tableau le plus effrayant de l'état désespéré, dans lequel se trouvaient les finances, et, après avoir démontré la nécessité de tout entreprendre pour remédier à des dangers si pressants, il expliqua la facilité d'y parvenir par les moyens qu'il indiquait. Un de ces moyens était, autant que je me le rappelle, un impôt en denrées à percevoir sur les productions de l'année à proportion de la fertilité, projet analogue à la dîme de M. de Vauban. Un autre moyen, qui était le principal, le plus efficace, mais le plus difficile de tous, était le retranchement d'une grande partie des abus, dont jouissaient le clergé, la noblesse et surtout les grandes charges de la cour et de la couronne, dont M. de Calonne montrait la foule, la grandeur, l'iniquité et l'insolence. Malgré les oppositions, les intrigues et la défense enragée de ces grands personnages avares, qui ne voulaient pas lâcher leur proie, tout allait bien.

L'autorité du roi et les cris du public appuyaient les bonnes intentions du ministre converti. La France allait être sauvée, et M. de Vergennes mourut subitement. En observant combien il mourut à propos et que, dès ce moment, tout changea de face, que le maintien des abus fut assuré et M. de Calonne renvoyé, on est tenté d'ajouter foi à l'imputation que la famille de M. de Vergennes a faite à ceux qui avaient intérêt de le faire mourir[1]. Car lui seul était l'homme qui pouvait faire agir le roi, et sans lui, M. de Calonne se trouvait abandonné de tout le monde; il n'était plus aimé comme autrefois, parce qu'il ne donnait plus rien; il n'était plus estimé, parce qu'il n'avait pas été fort estimable. Si l'assemblée des notables eût bien tourné, l'assemblée nationale ne serait pas survenue, et le clergé et la noblesse se seraient conservés par quelques sacrifices ! O justice de la Providence ! qui indique souvent

1. M. de Vergennes mourut en 1787.

le genre du crime par l'analogie de la punition.

Durant cette assemblée des notables s'était élevée la fameuse querelle de M. Necker avec M. de Calonne sur le déficit dans les finances, si diversement énoncé par eux dans leurs comptes rendus ; ils s'accusaient réciproquement d'avoir menti, et ils disaient vrai, car chacun avait menti, mais à bonne intention. M. Necker, pour sa commodité en cas qu'on le rappelât, ou pour celle de son successeur, avait diminué la dette nationale, afin de soutenir le crédit et de faciliter les emprunts, sa ressource favorite, parce qu'elle pèse moins sur le peuple que les impôts. M. de Calonne, au contraire, a sans doute grossi les objets pour inspirer la terreur. J'ai eu une connaissance exacte de la situation des finances, lorsqu'en 1770 j'ai quitté mon poste à Paris, et n'ayant pas perdu de vue la dette nationale parce que j'y étais fort intéressé, je puis affirmer qu'il est impossible que l'un de ces ministres n'ait pas adouci, ni l'autre exagéré le mal. Une suite de prodigalités, de déprédations, de fausses alarmes et de mouvements révolutionnaires, qu'il serait trop long de développer, ont amené insensiblement la promesse et la nécessité d'une convocation des états généraux, dont l'idée avait pris naissance dans les espérances offertes par l'assemblée des notables.

Nous voici à l'époque où commencent les grands reproches, qu'on fait avec une sorte d'apparence à M. Necker, et dont je ne citerai que les trois principaux. Le premier est d'avoir engagé le roi à accorder, au moment même de la convocation des états généraux, tout ce que le peuple français pouvait raisonnablement demander de lui, et à publier, dès la fin de décembre 1788, ces dispositions débonnaires dans le rapport de M. Necker fait à la clôture de son assemblée des notables. Le second reproche est d'avoir décidé que l'on ne voterait pas par ordres, mais par tête, après avoir accordé une double représentation au tiers-état. Le troisième est de n'avoir pas employé la forme ancienne de vérifier les pouvoirs des commettants devant une commission royale, mais d'avoir assigné à la noblesse et au clergé leurs salles particulières, comme pour les inviter à se séparer. Si le danger des révoltes n'avait pas été si pressant, ni les besoins de l'état si urgents, il aurait certainement mieux valu que le roi se fût laissé prier, pour céder peu à peu aux instances de son peuple. Mais a-t-on le droit de condamner M. Necker après les événements ? Il faut juger un homme qui a fait ses preuves d'honnêteté et de vertu, sur ses intentions, et sur la question s'il a pu faire autrement.

M. Necker, témoin depuis si longtemps de la soumission d'un peuple opprimé, du despotisme d'une cour déréglée, de l'instabilité des volontés royales, du pouvoir des intrigues, et de l'incertitude de rester en place, voyait un moment fortuné, où le roi consentait à donner pour toujours un père à son peuple. Plein de sollicitude pour le bonheur de ce peuple et d'appréhensions sur les vicissitudes humaines, M. Necker a cru en conscience devoir mettre, à l'abri des cabales, les plus beaux droits de la nation, et ne pouvoir lier le roi trop tôt par une déclaration, que les circonstances rendaient irrévocable. Voilà la raison principale, pour laquelle on a annoncé sans marchander en décembre 1788, ce qu'il aurait certainement mieux valu n'accorder qu'en avril 1789, si l'on avait eu à faire à un roi plus ferme et moins obsédé. Pour ce qui est de la double représentation du tiers, et de la décision, qu'on opinerait par tête, je répondrai, qu'il était impossible et qu'il aurait été absurde de faire autrement. D'abord, il paraît juste que des millions d'hommes eussent au moins la parité avec autant de centaines, mais le but principal et indispensable ayant été d'abolir les abus, et de faire payer les privilégiés comme le reste de la nation, il fallait au moins préparer une possibilité à y parvenir. En opinant par ordre, il est clair que le clergé et la noblesse auraient été deux contre un, et la pluralité des voix aurait encore été en faveur des premiers, si le tiers n'avait eu qu'une simple représentation. On aurait donc agi contre son but; toute la nation aurait été instruite d'avance, que la convocation des états-généraux serait inutile, qu'elle n'était qu'illusoire, le peuple se serait révolté, et le mal serait devenu plus grand que jamais.

A l'égard du troisième reproche, je conviens que M. Necker a fait une faute capitale, contre laquelle je n'ai rien à répliquer, sinon qu'on doit pardonner une seule faute à un homme chargé d'une besogne immense, à un homme dont l'œil voit mieux les objets majeurs que les détails, à un homme enfin plus exercé à s'occuper du bien qu'à prévoir le mal.

Le tort le plus funeste de M. Necker, mais qui peut lui être moins reproché que tout autre, est d'avoir été la dupe de son cœur. Il lui paraissait impossible, que toute la France ne dût être pénétrée de la condescendance du roi, et qu'on pût abuser de sa bonté; mais il ne tarda pas à s'apercevoir qu'il s'était trompé, et, sans prévoir les mauvaises intentions des chefs du parti qu'il avait affectionné, il chercha à contenir le mal qu'il se reprochait, et se mit à étayer tant qu'il pouvait l'autorité royale. Mais son crédit et son génie n'étaient pas assez puissants, pour diriger les démarches du roi, réprimer la fougue des prétentions du tiers-état, et faire entendre raison aux privilégiés. Il perdit la confiance de son maître, se rendit de plus en plus odieux à la cour, à la noblesse et au clergé, et devint suspect à son parti, voulant réunir les extrêmes et accorder des principes de contradiction, d'après les conseils de sa droiture et l'impulsion de sa conscience. Il a éprouvé ce qui est toujours arrivé à ceux qui étaient modérés au milieu des enragés.

Il serait cependant difficile d'imaginer même après coup, ce que M. Necker aurait pu faire, pour remédier aux désordres du terrible combat qui se préparait. Je pense que le meilleur, et peut-être le seul moyen aurait été de gagner Mirabeau, ce géant des Jacobins, dont la langue était une massue, laquelle dirigée par l'audace, le coup d'œil et le savoir faire de celui qui la maniait, frappait toujours des coups décisifs. Ce favori de la populace, tout-puissant alors parmi les factieux, connaissant tous leurs plans, et propre à les combattre à armes égales, oui, j'ose le dire, il fallait le faire premier ministre. Mais l'ambition glorieuse de M. Necker, et encore plus sa moralité sévère, auraient reculé d'horreur devant la simple pensée d'une alliance aussi monstrueuse pour lui. S'il avait pu prévoir, combien de braves et honnêtes gens se verraient forcés sous le règne de Robespierre à jouer des rôles de scélérats, pour opérer par cette abnégation bizarre et presque héroïque de la vertu, le seul bien qu'on pouvait faire alors, celui de sauver des victimes, peut-être M. Necker aurait-il eu, en rougissant, le courage de s'abaisser à une telle union, pour éviter des malheurs si inouïs.

Il est beaucoup plus aisé de dire ce que le roi aurait pu et dû faire, lorsque la violence de la noblesse faisant schisme, avait poussé le tiers à se déclarer la nation par le droit du plus fort. Le roi seul pouvait terminer la querelle facilement, et avec de très-grands avantages pour lui et pour son peuple. Il devait se déclarer pour le tiers; d'abord il se mettait du côté le plus sûr, parce que c'était le plus fort; son armée jointe au peuple, il n'y avait plus de combats à craindre, parce que la partie devenait trop inégale; presque tout le clergé, et une grande partie de la noblesse, auraient respecté son invitation de revenir à la chambre nationale; une déclaration de Sa Majesté à ceux qui vivaient de ses bienfaits, qu'elle les leur retirerait en cas de désobéissance, aurait mis à la raison la partie la plus considérable des privilégiés, et le tiers-état se serait sans doute contenu dans des bornes plus justes, s'il n'avait pas été irrité par des résistances trop

4

protégées par l'autorité souveraine, et révolté par la menace de l'armée qui se rassemblait.

C'est du 23 juin 1789, qu'on doit dater le vrai commencement de la révolution. C'est dans ce jour mémorable, que M. Necker avait espéré de réunir les ordres qui avaient fait schisme; il avait déterminé le roi à se rendre dans l'assemblée nationale, et y prononcer un discours composé par ce ministre, et dans lequel l'autorité royale, sacrifiant presque tous ses droits, n'exigeait des partis que le sacrifice réciproque d'une partie de leurs prétentions. Mais, les ministres Villedeuil et Barentin, après avoir commencé par indisposer dès le matin les membres de l'assemblée, en leur fermant l'entrée de la salle entourée de gardes, sous prétexte qu'on l'arrangeait encore pour l'arrivée du roi, ne s'en tinrent pas là. Ils osèrent changer le discours avec la malice la plus noire, en y glissant les phrases les plus choquantes pour l'esprit qui régnait alors, et quelques altérations révoltantes. C'étaient de beaux présents arrangés par M. Necker, accompagnés de soufflets et de coups de pied. Aussi ce discours eut l'effet le plus désastreux. Le bruit s'en répandit avant la fin de la séance. Necker donna sa démission, et il y eut une émeute si effrayante, que le roi, et même la reine, furent forcés à employer les prières les plus touchantes pour persuader M. Necker de rester. Mais il eut grand tort de céder à ces instances; il devait au moins exiger le renvoi de ses perfides collègues, qui, le déjouant partout, mettaient des entraves à ses meilleures opérations, et qu'on peut placer au nombre des ingrédients de la révolution. On profita des craintes et de la jalousie, que cette émeute avait excitées dans l'âme du roi, pour le porter à rassembler une armée, et à décider le renvoi de M. Necker. Après un conseil secret, tenu le jeudi précédant la prise de la Bastille, M. Necker essuya plusieurs avanies de la part des princes, et M. le comte d'Artois disait partout qu'il méritait d'être pendu.

Le 11 juillet 1789, le roi le congédia avec toutes les marques d'affection et de regret, en le priant de partir avec tout le secret possible. M. Necker obéit fidèlement, se rendit le même jour à Saint-Ouen, et de là à Bâle, sans dire mot à personne. On ne fut assuré de son évasion que le lendemain à midi, et alors commencèrent les grandes scènes du peuple, chassant les troupes de Paris, et promenant les bustes du duc d'Orléans et de M. Necker par les rues, et les parcourant toute la nuit avec des flambeaux et des épées, sans commettre d'autre excès que de demander des armes dans toutes les maisons. Il est mémorable, et à jamais honorable pour les sans-culottes, de n'avoir, malgré leur pauvreté, fait le moindre abus de la facilité qu'ils avaient de piller. Trente mille gueux héroïques étaient les maîtres de Paris rempli de richesses immenses, et ils n'ont rien demandé que la liberté. Le 13 juillet, on commença à former une garde nationale et à s'emparer des armes, qui étaient aux Invalides. Le 14 juillet, la prise de la Bastille et les premières victimes; du 15 au 16 juillet, la fuite des princes et des ministres; le 16, l'assurance que le roi viendrait à Paris, et le 17, ce monarque traîné pendant cinq heures de temps de Versailles à l'hôtel de ville, environné de près de cent mille hommes armés d'épées, de piques et de broches, et précédé de canons dont la bouche était tournée contre sa voiture. Pendant cette longue et pénible route, ce monarque ne témoigna autre chose, que beaucoup d'ennui du trop de lenteur de la marche, et parla comme à son ordinaire, avec autant d'indifférence que de tranquillité.

Après le compliment : Paris vient de conquérir son roi, que lui fit M. Bailly, en lui présentant aux barrières les clefs de la ville, un jeune étourdi lui en fit un autre. On passait devant la place Louis XV, où il y avait un chœur de musique, et le jeune homme, fourrant sa tête dans la voiture, dit d'une voix flûtée : « Sire, on va jouer : Où peut-on être mieux qu'au sein de sa famille. » Le roi se renfonçant dans le fond du carrosse, répondit tout bas en soupirant : « Tudieu, quelle famille ! » Arrivé à l'hôtel-de-ville, on l'y fit monter sous une voûte formée avec des épées nues, qui se croisaient et s'entrechoquaient avec un cliquetis effrayant. Exténué de fatigues, il prit un peu de pain et de vin. On lui présenta la cocarde nationale, avec laquelle il se montra au peuple ivre de joie et d'espérance. Au retour, tournant le coin d'une rue, ce monarque pensa avoir l'œil crevé par la pointe de l'épée d'un homme, qui marchait à la portière, et qui ne s'apercevait pas que le roi sortait la tête pour regarder en haut ; ce bon prince rangea doucement l'épée de côté, et dit : « Mon ami, la paix est faite. »

M. Necker se rendit aux sollicitations touchantes du roi et de l'assemblée nationale, mais surtout à la peinture, qu'on lui fit des convulsions effrayantes qui agiteraient la France, s'il ne revenait pas, et il revint. Jamais triomphateur n'a été environné d'autant de gloire, d'enthousiasme et d'amour, que M. Necker faisant son entrée à Paris. C'était une apothéose, mais le soir même de cette brillante journée commença la décadence de sa grande destinée. Il avait rencontré M. de Besenval qu'on allait exécuter; il promit d'obtenir sa grâce, tint parole, mais fut dénoncé le même soir dans tous les clubs des jacobins comme ennemi caché du peuple. Depuis persécuté par eux, par la reine et la cour, abandonné par le roi et l'assemblée nationale, on l'éminça au point, qu'après une longue série de peines et de dégoûts, il fut renvoyé comme un laquais, et le peuple français donna sur lui, qui était son idole, la première preuve de cette horrible ingratitude, qu'il a exercée depuis sur tant d'autres, qui le servaient de leur mieux, comme cela s'est toujours pratiqué dans les démocraties.

Que n'a-t-il pas dû souffrir dans sa retraite cet homme si jaloux de sa réputation, si passionné pour le bien public, et dont la vertu était si délicate, en voyant sa gloire éclipsée, ses hautes espérances trompées, et les horreurs qui désolaient la France, en apprenant les calomnies que la rage et l'ingratitude répandaient contre lui, et en éprouvant peut-être des reproches que sa conscience pieuse et malade était seule en droit de lui faire, et que tout autre à sa place aurait plus mérités que lui. Il est mort, sans doute martyr des souvenirs les plus amers, buvant à longs traits le calice de regrets les plus déchirants, et portant les péchés de la France avec la patience religieuse de l'innocence souffrante.

VI

JOSEPH II ET LÉOPOLD II.

L'EMPEREUR Joseph haïssait la flatterie, mais il ne dédaignait pas un éloge transformé en critique, ou une louange, dont le ton prouvait qu'elle n'avait pas été faite pour lui être redite : j'en suis un exemple.

Une dame, qu'il aimait beaucoup, m'a confié que je dois le commencement des bonnes grâces, dont il m'a honoré, à une phrase assez libre, qui m'est échappée dans une lettre, écrite de Vienne au baron de Frankenberg à Gotha ; je lui disais : « que ce monarque ressemblait à un ragout parfait, où rien ne domine. » Effectivement ce prince n'avait aucune de ces qualités saillantes, qui dépassent les autres et qui marquent ordinairement dans le caractère d'un grand homme ; toutefois j'ai reconnu depuis, que ma comparaison n'était pas tout à fait juste.

Joseph II avait quelques traits dans sa physionomie morale qui le distinguaient particulièrement. Il avait une activité rare, qui le rendait capable de faire quatre fois plus qu'un homme ordinaire; aidé par l'heureuse facilité de passer d'un travail à l'autre, sans qu'aucune des idées précédentes se mêlât aux subséquentes. Mais cette activité, d'ailleurs si précieuse, devenait un défaut en lui, parce qu'elle était souvent trop minutieuse et toujours fouettée par une impatience, qui devançait quelquefois la réflexion, la marche des lumières qu'il répandait, et le moment de l'opportunité.

Il s'est pressé de régner, comme s'il avait prévu qu'il n'avait pas de temps à perdre; et bien des choses, qu'il a faites, ont soutenu sa monarchie chancelante : surtout l'égalité de la justice pour toutes les classes, qu'il a introduite, est devenue la source de l'attachement que son peuple a témoigné à ses successeurs. La plus belle qualité peut-être de Joseph II, si impatient pour agir, était sa patience pour supporter la contradiction, sa longanimité et son mépris des offenses.

Tout ce que la bêtise, l'ignorance, la mauvaise volonté et la malice ont de plus révoltant, il l'a éprouvé dans l'exécution des changements qu'il voulait faire. On contrariait ses projets, tantôt par trop de précipitation, qni ne lui laissait pas le temps du repentir, le tout pour avoir la satisfaction de pouvoir lui reprocher la mauvaise réussite d'une entreprise nouvelle. Tout autre que lui aurait fait pendre et rouer, mais il n'opposait à ces contrariétés qu'une vigilance et une fermeté imperturbables. Il était naturellement calme et n'a jamais donné une preuve d'emportement, mais sa justice était sévère; il la regardait comme son premier devoir, et comme la principale vertu d'un monarque.

Il craignait d'être ce qu'on nomme un bon prince, mais il avait moins sujet qu'un autre d'avoir peur d'être la dupe de son cœur peu sensible, jamais tendre. Sa bonté se bornait à aimer le peuple, à ne haïr personne, à être débonnaire, communicatif, affable, même familier avec tout le monde, et singulièrement aimable pour ceux qui étaient de sa société. Mais il n'avait point de favori, point de maîtresse, point de ministre jouissant d'un grand crédit : jaloux de son autorité, il était fortement en garde pour n'être gouverné par personne. Il parlait beaucoup, comme tous les princes de sa maison; mais, quoique trop verbeux, il contait agréablement, et le style de son discours se serrait et devenait énergique quand, dans le tête-à-tête, il traitait une matière intéressante.

Personne ne questionnait mieux que lui, ni n'excitait plus de confiance par sa familiarité et sa cordialité; ses questions avaient l'air et souvent l'intention de chercher un conseil, mais il ne cherchait ordinairement que d'en trouver un qui s'accordait avec son avis.

Quoiqu'il eût l'esprit très-cultivé, il n'aimait que les sciences utiles et détestait les spéculations. Il connaissait parfaitement les défauts et les ridicules des Viennois, s'appliquait à les corriger, à plier leur roideur et à humilier leur morgue; il leur donnait lui-même l'exemple de la politesse, et tâchait d'abattre les prétentions de leur vanité, autant que l'aristocratisme de leurs déportements. La simplicité de son costume, de son étiquette et de toute sa manière d'être, avait le caractère d'une noble assurance de sa grandeur, bien plus que d'une singularité, car cette simplicité lui était naturelle.

Son économie était plus louable en général que bien entendue dans ses détails; son grand défaut, et en vérité il en avait peu, était d'avoir été trop peu généreux. Il pensait que, parce qu'il sacrifiait toute sa vie au service de l'État, sans se payer par les dépenses, que d'autres souverains faisaient, pour satisfaire leurs passions, tous les citoyens devaient de même se vouer à l'intérêt du bien public, sans autre récompense que celle d'avoir bien fait leur devoir.

L'exemple de Frédéric II lui avait inspiré l'espérance de pouvoir faire comme lui. Il est certain que jamais prince n'a été si bien servi, ni à si bon marché, que ce roi; mais aussi jamais prince n'a su nuancer plus finement, ni avec plus de justesse, les récompenses réelles et imaginaires que lui, et l'avarice de son père qui avait précédé sa petite lésine, la rendait non-seulement supportable, mais lui donnait même un air de libéralité.

Je finirai par une anecdote plus intéressante que toute autre pour mon esprit et mon cœur. Elle est un exemple bien singulier d'une étrange sévérité, de la justice de Joseph II exercée sur un coupable et sur lui-même.

Le lieutenant-colonel Székely estimé et aimé de tout le monde, s'était rendu célèbre par plusieurs guérisons difficiles, qu'il avait opérées avec des remèdes, que lui fournissaient les Rose-Croix; mais ces messieurs l'avaient induit, par l'espérance de la pierre philosophale, à leur donner le peu d'argent qu'il avait, et une partie de celui qui se trouvait dans la caisse de la garde hongroise, dont il était le trésorier. Le terme pour visiter cette caisse approchait et, se voyant perdu, il alla se jeter aux pieds de l'empereur, et crut qu'en s'accusant lui-même avant la découverte de son crime, il pourrait exciter la clémence du monarque, par cette preuve de confiance en sa générosité. Mais Joseph II, qui haïssait particulièrement les Rose-Croix, le fit juger par un tribunal de justice, et non content de la sentence qui condamnait Székely à un long emprisonnement, le prince, irrité à un point inconcevable, casse la sentence et ordonne que le lieutenant-colonel soit exposé au pilori et enfermé pour le reste de ses jours. Alors parut un libelle dans lequel la cause était plaidée de la manière la plus touchante, et l'extrême sévérité de l'empereur dépeinte avec les couleurs les plus noires. On le mettait au-dessus des Néron et des Caligula. L'empereur ayant lu ce libelle, ordonna qu'on permît de le vendre, fit mettre Székely en liberté, donna une pension à sa famille, et écrivit à l'archiduc Ferdinand à Milan, où j'étais alors, par le même courrier qui nous apporta ce libelle : « Des raisons importantes m'ayant déterminé à laisser dorénavant un libre cours à la justice, et à renoncer à mon privilége de faire grâce, vous, qui êtes mon représentant en Lombardie, vous vous abstiendrez également de faire aucun changement aux sentences criminelles des tribunaux. »

Je vois avec admiration dans la marche de

toute cette aventure, que l'âcreté offensante et injurieuse de ce libelle n'a point empêché Joseph II de sentir la grandeur de sa faute, en le lisant; que son repentir n'a point excédé dans la mesure de la réparation, et qu'il a eu le noble courage de se punir lui-même en faisant publier l'exposé horrible de ses torts; mais que, reprenant le ton de monarque absolu dans la dépêche envoyée à son frère et qui, sans doute, a été une circulaire, il a imprimé singulièrement le cachet de son caractère; car c'est aux dépens de la clémence du souverain, qu'il a bien voulu sacrifier la rigueur arbitraire à la justice inaltérable des lois.

Léopold II avait beaucoup de rapports avec l'empereur son frère, mais ces rapports étaient différemment nuancés. Son activité plus pensive, plus concentrée que remuante, n'était ni impatiente ni prématurée; au contraire, souvent trop retardée par une humeur hypocondre, ou par des excès de sagesse et de prévoyance. Il semblait avoir choisi pour maxime le *Festina lente* d'Auguste. Il se donnait du temps pour régner, et il aurait érigé des colosses de prospérité, s'il avait pu régner longtemps. Ce prince était minutieux, mais seulement dans la spéculation et la formation de ses projets, et nullement dans sa manière de travailler, car il ne faisait rien de ce qu'un autre pouvait faire à sa place.

Léopold aimait les arts et les sciences, même spéculatives, car il était devenu à la fin de sa vie très-savant janséniste. Il était moins sensible que Joseph, ami plus tendre avec les femmes. Il était plus communicatif que sincère, plus tolérant que bon, plus accessible que populaire, n'affectionnant personne, mais aimant son peuple, comme un père soigneux et éclairé. Encore plus jaloux de son autorité que Joseph II, il n'avait à Florence que Favante, qui écrivait tout, sans avoir le moindre crédit. Léopold était taciturne ou parleur, selon l'assiette de sa santé.

Sa simplicité n'avait point le caractère de dédaigner la pompe, comme celle de Joseph II, mais plutôt l'air d'une épargne excessive, surtout dans les dernières années de son règne en Toscane. Alors, ayant été admis dans un mauvais petit château près de Florence, où il s'était retiré, j'y ai passé une heure, sans avoir vu ni gardes, ni gentilhomme, ni valet de chambre, en un mot personne, excepté une femme de chambre qui était placée près de la fenêtre d'un boyau, servant d'antichambre à l'appartement de la Grande-Duchesse; celle-ci était en casaquin comme une petite bourgeoise et cousait ainsi.

Elle nous dit de prendre des chaises. Peu de temps après, le Grand-Duc arriva dans un mauvais frac brun, sans ses ordres, have, sec, et fort hypocondre; il parla peu ce jour-là, mais il m'apprit pourtant quelque chose de remarquable, il me dit : que dans sa tournée pour visiter toutes les maisons de campagne des Médicis, il avait trouvé dans une cache, pratiquée dans le mur, un grand nombre de poisons avec des étiquettes, qui marquaient les époques de leurs effets et leurs différents emplois. Il ajouta : que lui-même les avait portés à l'Arno pour les submerger en sa présence.

La passion morale dominante des deux frères était la justice, mais celle de Léopold était clémente, équitable et nullement sévère. C'est ce qu'il a prouvé par son code criminel, si sublime pour la profonde sagesse des précautions qu'il prescrit, si admirable pour la clarté de son laconisme, et si digne d'éloges pour la merveilleuse humanité de ses intentions. Ce bon prince, plus soigneux de corriger que de punir, s'est particulièrement étendu dans son code sur le régime moral des maisons de force et a proportionné la durée des peines à celle de l'amendement des malfaiteurs.

Bien plus occupé de son peuple que de sa personne et de sa bourse, il a défendu dans ce code les tortures cruelles, les peines raffinées et les procédures extraordinaires qu'on employait partout ailleurs pour découvrir et punir les attentats contre le souverain, et il a déclaré qu'étant payé pour maintenir la sûreté publique il rembourserait ce qui aurait été volé dans les rues et sur les grands chemins.

Quel législateur a jamais été si peu égoïste, si humain et si généreux! Je sais de science certaine, que Léopold a composé et écrit ce code lui-même et de sa propre main. Voilà le monument, qui seul devrait suffire pour éterniser sa mémoire, et fermer la bouche aux jugements absurdes et détracteurs, que des gens indignes de juger ce prince, ont osé porter sur lui, dans un pays où il n'a pas eu le temps de se faire connaître.

Léopold est aussi l'auteur d'une machine de police la plus parfaite qui ait jamais été imaginée. Il l'avait composée de tout ce que celles de Paris et de Venise avaient de plus ingénieux et de plus admirable pour imiter la providence. Lui-même la surveillait sans passion, sans personnalité, avec l'indulgence, la discrétion, la sagesse et le secret d'un excellent confesseur. Si, après lui, on a transformé cette belle machine en un tribunal d'inquisition, ce n'est pas sa faute. Elle a eu le sort de toutes les choses les plus excellentes, qui sont sujettes aux plus grands abus. On dirait que cette punition soit attachée à l'audace humaine qui ose viser à la perfection. C'est cette police, ce second chef-d'œuvre de Léopold, qui a été la seule chose qu'on lui ait reprochée à Florence. Mais elle a été précisément la branche la plus louable, la plus sage et la plus parfaite de son gouvernement, outre qu'elle avait le mérite d'assurer la sûreté des individus et du souverain, sans charger l'état d'une nombreuse garde de soldats, dont elle tenait lieu; cette vigilante bienfaitrice diminuait les crimes en les prévenant, et servait de base à un code criminel le plus doux qu'on ait jamais pu faire, pour constater la vie précédente des coupables accusés, et pour en tirer des présomptions pour ou contre la crédibilité des témoins.

J'ai vu arriver Léopold à Vienne, en 1790. Je dois avouer qu'à ma grande surprise je l'ai trouvé si différent pour la figure, l'embonpoint, l'humeur et les manières, qu'entrant chez lui, je croyais que c'était un autre homme, qui avait pris sa place, et pendant toute la demi-heure, que je lui ai parlé, je n'ai absolument rien trouvé qui me le rappelât. Cet homme que j'avais vu cinq années auparavant si maigre, si triste, si mélancolique et si silencieux, était gros et gras, gai, et d'une loquacité presque indiscrète, car il me passa en revue l'état de sa monarchie ébranlée par la dernière guerre avec les Turcs, par le mécontentement de la noblesse de Bohême, par les dangers de la diète prochaine en Hongrie, et par la révolte des Pays-Bas; après quoi, il me fit l'énumération de ses craintes, fort augmentées par les troubles que la révolution française pouvait répandre sur toute l'Europe, et finit par une phrase qui, en vérité, me paraissait le mot de l'énigme, pour se rendre raison de l'étrange résolution qu'il prit de rétablir la forme du gouvernement de sa mère, abolie par Joseph, et le pouvoir bureaucratique des ministres et des grands seigneurs. Voici ce qu'il me dit : « Pendant de tels orages il faut se mettre sous un arbre, jusqu'à ce que le ciel devienne plus serein. » Cette phrase annonce non-seulement, qu'il ne voulait conserver cette ancienne forme de gouvernement, si contraire à ses principes, que lui-même avait inculqués à son frère, que jusqu'à des temps plus calmes; mais, lorsque je la combine avec le caractère pacifique de ce prince, elle me prouve aussi que son intention n'a jamais été de se mêler sérieusement des affaires en France, ni de lui faire la guerre.

Je lui ai même, dans cette première année de son règne, entendu faire l'éloge et l'apologie de tant de belles choses, qu'on disait dans l'Assemblée nationale ; et la note donnée au mois de décembre suivant, qui avait l'air d'une déclaration de guerre, n'aurait jamais été suivie jusqu'au bout, si ce prince eût vécu. Elle n'avait été demandée par le parti modéré, que comme une menace qui devait lui servir d'arme défensive contre les jacobins. Mais ce grand et excellent monarque mourut deux mois après, et la guerre se fit tout de suite après la mort de celui, qui l'aurait déclinée ou qui l'aurait faite tout autrement. Les émigrés et les enragés d'Allemagne, les officiers et les généraux, qui savaient que Léopold n'aimait pas la guerre, Rome et le parti des jésuites qui le détestaient, le peuple qui se rappelait Joseph II, les flatteurs du nouveau gouvernement et enfin les imbéciles qui répètent tout sans réfléchir : voilà les juges, dont les âmes viles, méchantes, haineuses et vindicatives, ont osé critiquer, calomnier et condamner la mémoire d'un prince que la postérité seule est digne de juger ; c'est l'ensemble de tous ces partis, qui a composé le monstre à cent mille bouches, dont la dent impure a dévoré la plus belle réputation d'un prince qui ait existé depuis des siècles !

Qu'on aille en Toscane, qu'on y admire les ruines de ses bienfaits, qu'on y entende les regrets du peuple, et même ceux de la noblesse, qui ne l'aimait pourtant pas, parce qu'il ne lui donnait point de fêtes, parce qu'il ne faisait pas assez d'attention à ses privilèges, parce que sa justice la traitait comme tout le monde, et parce qu'enfin sa police espionnante et sévère gênait les passions et l'ancienne licence des seigneurs florentins. Mais après avoir entendu les réparations honorables, que la noblesse de Florence fait aujourd'hui à ce prince méconnu par elle, c'est le peuple surtout qu'il faut écouter. Quelles bénédictions touchantes données à son ombre! que de larmes qui arrosent encore le tableau qu'ils vous font d'un siècle d'or, dont il leur avait fait connaître les délices! Voilà les preuves des titres, que cet excellent prince avait en sa faveur pour prognostiquer ce qu'il aurait fait, s'il avait régné longtemps en Autriche.

Mais, ne pouvant pas disconvenir que son règne en Toscane n'ait présenté le modèle d'un gouvernement parfait, ses détracteurs ont supposé, qu'il aurait fait tout de travers, parce qu'il était bien différent de gouverner une grande monarchie, ou bien une petite.

La bonté équitable avec laquelle il avait débuté envers les Brabançons révoltés, en leur offrant tout ce qu'ils avaient demandé à Joseph II, a été dépeinte comme un excès, qu'il avait rendu peu croyable, et même comme une fausseté qui cherchait à les tromper, tandis que c'était l'unique moyen de les ramener, s'il avait pu être employé plus tôt.

On a tâché d'exalter le mécontentement du peuple au sujet de l'ancien régime réintroduit, en grossissant les inconvénients qui en résultaient, et blâmant le démenti que Léopold donnait à ses principes promulgués en Toscane, sans réfléchir que ce n'était qu'une mesure du moment, comme je l'ai dit plus haut. Ceux même qui avaient tant souhaité la guerre l'accusaient de l'avoir provoquée, et tâchaient de le rendre responsable des fautes et des malheurs qu'il aurait certainement évités.

Parce qu'il s'était enfermé souvent avec Bischofswerder, le favori que Frédéric-Guillaume lui avait envoyé, et qu'il faisait des expériences alchimistes avec lui pour gagner sa confiance, on taxait la politique de ce prince habile de chercher la pierre philosophale. Le côté par où on a le plus tâché de l'attaquer, a été son libertinage qu'on a chargé des couleurs les plus odieuses. Il est vrai qu'il aimait passionnément les femmes, qu'il avait des maîtresses, auxquelles il donnait beaucoup d'argent, jamais du crédit; mais n'a-t-on pas pardonné à tant d'autres princes, qui ne le valaient pas?

Enfin, pour discréditer par un seul mot ses talents reconnus dans le passé, ils ont dit que ce n'était plus le même homme, qu'il n'y avait qu'à le regarder, qu'il était devenu gras, paresseux, débauché, fastueux et insouciant; qu'il serait à Vienne aussi prodigue qu'il avait été avare à Florence; que son faste et ses maîtresses ruineraient l'État; que sa lenteur n'achèverait jamais rien; que sa timide condescendance favoriserait les soulèvements des provinces, et que son indolence finirait par abandonner les rênes du gouvernement à ses ministres.

Voilà le précis des jugements, que l'impatience la plus arrogante et la malignité la plus atroce ont prononcés contre Léopold, et qui ont été répétés par l'ineptie la plus déraisonnable; on l'a jugé non sur ce qu'il a fait, mais sur ce qu'il aurait pu faire ou ne pas faire.

O toi! le seul prince que j'aie pleuré, parce que je prévoyais combien ta vie ou ta mort déciderait du bonheur ou du malheur de tant de peuples, reçois ce grain d'encens que j'ai osé offrir à ta mémoire dans cette faible apologie, en attendant la quantité incommensurable de celui que la postérité brûlera à ton honneur dans le temple de la vérité! Tu es le héros de mon cœur, moins merveilleux et étonnant sans doute que celui qui, de nos jours, commande la terreur et l'admiration, qui est encore plus grand par les maux qu'il a détournés que par le bien qu'il a fait, et que mon esprit est forcé de mettre au-dessus de tous les hommes!

VII

LE PRINCE KAUNITZ.

La monarchie autrichienne a eu beaucoup de généraux célèbres et un seul ministre, le prince de Kaunitz. Ce grand homme en politique, qui a marqué dans l'histoire autant par la longue durée de son ministère que par le traité de Versailles, vit encore dans la mémoire de ses contemporains par ses qualités personnelles et ses singularités.

Il était grand, bien fait, recherché dans sa parure, ridicule par sa perruque à cinq pointes, fort grave dans son maintien, pathétique dans son discours, et assez roide, mais sa roideur lui allait bien mieux qu'aux autres seigneurs autrichiens; elle paraissait lui appartenir de droit, elle avait même les grâces d'une contenance naturelle, et portait le cachet de la supériorité.

Il ne saluait guère que de la tête ses amis avec un souris paternel, tous les autres avec un air protecteur. Il était bon, juste, loyal, désintéressé, quoiqu'aimant et demandant même tout bonnement aux cours des cadeaux en vins, chevaux, tableaux et autres articles, qui avaient rapport à ses goûts.

Il parlait en termes choisis, lentement et avec grande réflexion. Personne n'a eu une érudition plus vaste que lui, dans la terminologie technique, et elle était d'une grande recommandation auprès de lui pour ceux qui la possédaient. Il se laissait séduire par un mot de ce genre peu connu, autant que le duc de Choiseul par un bon mot.

Il était savant, aimait les arts, surtout la peinture, et protégeait les artistes en tous genres, car même les ouvriers parfaits dans des métiers subalternes étaient honorés de son estime particulière; et il avait une véritable passion pour les ouvrages bien finis, au point qu'un jour, au milieu d'un discours qui l'intéressait beaucoup, il caressa ma plaque d'ordre, et interrompit la conversation en disant : « Voilà une plaque qui n'a certainement pas été faite en Allemagne. »

Sa prudence, son sangfroid, son excellente judiciaire, et sa longue expérience lui ont acquis à juste titre le nom du Nestor de la politique de son temps. Il jouissait du bonheur d'avoir un grand nombre de goûts, et de n'être sujet à aucune passion. Ses amis se plaignaient du peu de bien qu'il leur faisait, mais ses ennemis n'avaient à se plaindre d'aucun mal, ni d'aucune vengeance de sa part. Il écoutait, avec une attention et une patience extrêmes, les détails les plus diffus, et répondait exactement à chaque point ; mais il n'admettait guère la réplique.

En général il était pénible, dans les derniers temps surtout, de traiter d'affaires avec lui à cause de sa surdité et de son peu de ménagement ; car, comme il était difficile d'obtenir une audience particulière, on se trouvait réduit à lui parler fort haut, et à s'exposer à une de ses fréquentes incartades devant tout le monde.

Il était fort économe de son travail, et paraissait prodigue de son temps, en s'occupant longuement à des choses de fantaisie, et souvent à des niaiseries ; mais son but était de se ménager beaucoup de temps pour penser, et de conserver la tête fraîche et bien reposée.

Une de ses maximes principales, qu'il débitait souvent, et dont l'empereur Joseph aurait dû profiter, était de ne jamais rien faire de ce qu'un autre aurait pu faire à sa place. « J'aimerais mieux découper du papier, disait-il, que d'écrire une ligne qu'un autre pourrait écrire aussi bien que moi. » Aussi était-il si avare d'écriture qu'il ne signait les lettres de peu d'importance que par un K. En revanche, il s'était imposé la loi de ne jamais quitter son bureau sans avoir expédié tous les papiers qui se trouvaient dessus; de là provenaient les retards et les heures incertaines de ses dîners. A juger de son goût pour le fini, et de la lenteur, avec laquelle il soignait tout ce qu'il faisait, il y a apparence que l'écriture devait lui coûter plus qu'à un autre, mais le peu qu'il écrivait était parfait.

Ses attentions pour les personnes, qui venaient le voir, étaient rares, par conséquent flatteuses et toujours essentielles, surtout pour des précautions de santé. C'est de lui, qui d'ailleurs disait si peu de choses obligeantes, que j'ai reçu le compliment le plus délicieux qu'on ait jamais fait. Quand je le vis pour la première fois, il me dit d'un ton grave : « Je me réjouis de faire la connaissance d'un homme, dont beaucoup de monde m'a dit du bien, et personne du mal. » Toutes les fois que je pense à ce compliment, je me dis, je suis donc plus heureux que sage.

Malgré la reconnaissance et l'admiration que j'ai vouées à sa mémoire, je dois parler de ses défauts et de ses singularités, parce que ce sont surtout les petites taches, qui intéressent le plus dans la physionomie d'un grand homme;

elles consolent notre petitesse, plaisent à notre malignité, et servent parfois à relever la beauté d'un caractère, comme une mouche sur le visage d'une belle femme relève sa blancheur.

Le défaut principal du prince de Kaunitz était l'égoïsme, mais qui, étant calculé, simple et parfait, devenait raisonnable et ne faisait du mal à personne. Il s'occupait avant toutes choses de sa santé, en éloignant les chagrins, et sacrifiait toutes les convenances à sa commodité, à ses goûts et à son bien-être. Déjà dans sa jeunesse il avait accoutumé l'impératrice Marie-Thérèse à lui permettre de fermer ses fenêtres et à prendre sa capote en sa présence, quand il trouvait qu'il faisait trop froid dans sa chambre. Pour se maintenir dans une température égale, il avait en hiver un surtout et un manteau, qu'il ôtait ou qu'il prenait alternativement. A la fin du repas, on lui portait un miroir, avec tout un attirail de dentiste, et il faisait sans cérémonie une longue toilette de bouche devant toute la compagnie. Accoutumé à se retirer à onze heures du soir, il ne se gênait ni pour un archiduc ni même pour l'empereur, et s'il se trouvait encore à cette heure à son billard, il lui tirait sa révérence et le plantait là.

Il craignait extrêmement les odeurs, et lorsqu'une femme, même étrangère, qui en avait, voulait se mettre à côté de lui, il lui disait très-sèchement : « Allez-vous en, Madame, vous puez. »

Pour ne penser ni à la mort ni à la vieillesse, il voulait qu'on ignorât son jour de naissance, qu'on ne lui parlât jamais d'un homme mourant, et même la mort de celui de ses fils, qu'il aimait le plus et qu'il savait fort malade, ne lui a été annoncée que par l'habit de deuil que son valet de chambre lui présenta. Son égoïsme était si naïf, qu'il se jugeait et parlait de lui-même comme d'un tiers.

L'empereur Joseph avait fait faire le buste du maréchal Lascy et celui du prince de Kaunitz. Sous le dernier on avait mis une inscription latine pleine des éloges que méritait ce ministre; quelqu'un louant devant lui la perfection du style lapidaire, qui régnait dans cette inscription, le prince lui répondit : « C'est moi qui l'ai faite. »

Il était grand connaisseur en chevaux, excellent écuyer, et c'était lui faire sa cour que d'aller l'admirer à son manége, où on le trouvait tous les jours avant son dîner. Le Chevalier Keith, ministre d'Angleterre, y envoya un jour un Anglais, qu'il voulait produire avantageusement, et lui recommanda de louer le prince tant qu'il pourrait et bien fort, comme il le faut pour un homme blasé sur les louanges. L'Anglais, qui n'était pas grand louangeur, se battit les flancs pour lui dire en rougissant : « Ah, mon prince, vous êtes le plus grand écuyer que j'aie vu de ma vie! » — « Je le crois bien, » fut la seule réponse qu'il reçut.

L'âge avait beaucoup aigri son humeur, qui allait quelquefois jusqu'à l'insolence et qui traitait cruellement les gens qu'il n'estimait pas particulièrement. En voici deux traits : Le prince Sulkowsky parlant à son voisin dans un moment que le prince Kaunitz lui envoyait d'un ragoût par un de ses domestiques favoris, le repoussa un peu rudement. Le prince de Kaunitz s'en aperçut et lui dit : « Prince, si vous donnez des coups de poing à mes gens, je leur ordonnerai de vous les rendre. » Il aimait, étant à table, que la conversation fût animée, et d'être amusé par ses convives. Un jour que personne ne se mettait en devoir de parler, il dit à Madame de Clary, qui était chargée des invitations et de faire les honneurs de la maison : « Il faut avouer, Madame, qu'aujourd'hui vous m'avez invité bien sotte compagnie. »

Sa hauteur s'étudiait à se manifester surtout vis-à-vis de ceux qui pouvaient être exigeants envers lui. Quand Pie VI vint à Vienne et lui présenta la main, que tout le monde s'empressait de baiser respectueusement, ce ministre se contenta de la prendre et de la serrer avec la cordialité la plus familière. Mais tout comme il cherchait à humilier les prétentions, il se plaisait aussi à honorer singulièrement les talents, même dans les classes inférieures. Un ambassadeur qui dînait chez lui pour la première fois ne se trouvant pas encore dans le salon, quand le prince y entra, celui-ci se hâta de faire servir et se mit à table, sans attendre l'ambassadeur ; mais le lendemain il fit retarder son dîner pour Noverre, maître de ballets, qui n'était pas encore arrivé.

Lorsque Joseph II prit les rênes du gouvernement, il se servait du prétexte de ménager la santé de son ministre et de ne vouloir pas déranger ses habitudes, pour le prier de ne pas venir le voir et de permettre qu'il vînt chez lui. Malgré cela il ne faisait rien d'important sans lui, et l'apparence d'une diminution de crédit a toujours été sauvée par les démonstrations les plus éclatantes d'une extrême considération. Il en a joui encore sous le règne de Léopold, et j'ai vu ce monarque venir avec l'impératrice au jardin du prince de Kaunitz, pour lui présenter le roi et la reine de Naples. C'est dans sa terre d'Austerlitz que reposent les cendres de celui qui, par le traité de Versailles, avait éteint le germe de tant de guerres entre la France et l'Allemagne.

Le prince de Kaunitz s'impatientait, quand la conversation tombait. « J'aimerais mieux entendre des sottises, dit-il un jour, que ne rien entendre du tout. » Le comte de Mérode, un de ses flatteurs, reprit alors la parole et s'écria : « Il faut avouer que M. Pitt est le plus grand ministre de l'Europe, êtes-vous content de moi, mon prince? »

Le prince de Kaunitz mourut le 27 juin 1794. Il dit un jour dans le courant de l'abattement qui précéda sa mort, à son fils le comte Ernest Christophe (né en 1737, mort le 19 mai 1797) : « Mon ami, je sens que je m'en vais, consolez-moi, encouragez-moi! »

VIII

MADAME GEOFFRIN ET SA FILLE.

J'AIME à me retracer madame Geoffrin, dont l'amitié a été pour moi si agréable et si utile : voilà mon excuse, si j'ose parler d'elle après Morellet et d'Alembert. Les souvenirs, qu'elle a laissés à mon cœur et à mon esprit, sont des jouissances, qui me sont particulières, trop précieuses, pour que je les sacrifie à la crainte du qu'en dira-t-on.

J'étais de son lundi destiné aux artistes, de son mercredi appartenant aux gens de lettres, et de ses audiences privilégiées, vouées aux bons conseils, qu'elle savait donner à ceux qui avaient le bonheur de les suivre, car aucun ministre de police n'a mieux connu Paris qu'elle.

Je suis redevable à ses leçons de l'aisance économique, commode, honorable, et même politique, avec laquelle j'ai existé à Paris; je l'entends encore, quand elle m'apprenait à me taire pour écouter de manière à faire croire qu'on avait dit les plus belles choses du monde; quand elle me prêchait de parler toujours aux gens de leurs affaires, jamais des miennes, qu'au besoin, pour recevoir d'eux en or, ce que je leur avais prêté en petite monnaie; quand elle me disait à mon arrivée: « donnez-vous d'abord pour ce que vous êtes, mais soyez tel constamment; ne vous imposez que les devoirs les plus essentiels, mais sans y manquer jamais; au bout de l'année tous les moindres reviennent au même. »

Voilà comme cette excellente femme me parlait en bonne mère, et comme elle endoctrinait volontiers ceux de ses amis qui aimaient ses conseils. Mais elle se mettait véritablement en colère contre ceux qui ne les suivaient pas.

L'amour de l'ordre, une bienveillance active et une prudence consommée étaient les ressorts principaux qui animaient le caractère de madame Geoffrin.

Toutes les sottises lui donnaient de l'humeur, surtout celles de ses amis, et comme on ne peut pas gronder tout le monde, et qu'elle avait tout réduit en principes, sa règle était de ne gronder que ses amis.

Stanislas Poniatowski, recommandé à madame Geoffrin lorsqu'il vint à Paris dans sa jeunesse, avait reçu d'elle de grandes marques d'intérêt : entre autres, elle avait payé ses dettes pour le tirer de prison, ce qui fonda entre eux une liaison constante et intime d'amitié et de correspondance. Dans ses lettres il l'appelait sa chère maman, et elle le nommait son fils. Quand il fut élu roi de Pologne, voici le peu de mots qu'il lui écrivit : « Ma chère maman, je règne, ne me grondez pas. »

L'origine de madame Geoffrin est extrêmement obscure. Il paraît qu'elle avait été pauvre, mais fort belle, et que cette dernière qualité a engagé M. Geoffrin, premier possesseur de la fabrique de glaces et fort riche, de l'épouser. On avait de la peine à retrouver quelques restes de cette beauté qui avait autrefois enchanté ses contemporains, sans les rendre autrement heureux, car madame Geoffrin a été fort sage, malgré la laideur et la bêtise de son mari. Son seul amusement était de jouer de la trompette marine. Se plaignant pourtant un jour de s'ennuyer beaucoup, on lui proposa de lire, et après bien des débats sur le choix du livre, il emporta un tome de Moréri. Le lendemain on lui demanda, s'il était content de sa lecture, il répondit, « que cet auteur était trop scientifique pour lui, qu'il ne le comprenait pas plus que s'il avait écrit en grec. » Alors on voulut savoir de lui ce qu'il n'entendait pas. Il prit le volume de ce dictionnaire, qui est imprimé en deux colonnes, et passant toujours de la ligne d'une colonne à celle de l'autre, qui était vis-à-vis, il leur demanda de lui dire en conscience, s'ils comprenaient quelque chose à ce galimatias.

La manière d'être de madame Geoffrin peut se comparer au style de la Fontaine. Il y avait beaucoup d'art, mais cet art ne paraissait pas. Tout en elle semblait très-ordinaire, et pourtant personne ne l'égalera jamais en voulant l'imiter.

Tout chez elle était raisonné, facile, commode, utile et simple. Son ton bourgeois et son langage commun donnaient à son discours, plein de sagesse et de raison, un caractère piquant et quelquefois sublime. Elle aimait les sentences et les maximes; en voici une qu'elle prouvait par son exemple et qu'elle avait fait mettre sur ses jetons d'argent : « L'économie est la mère de l'indépendance et de la libéralité. » Une autre, qu'elle pratiquait et qu'elle avait fait encadrer, disait : « Il ne faut pas faire croître l'herbe sur le chemin de l'amitié. »

Le genre d'esprit favori de madame Geoffrin était celui des comparaisons, et elle en a trouvé qui sont infiniment justes et ingénieuses.

« Si je considère, disait-elle, l'inégalité des richesses, les excès de l'opulence et de la misère répandues sur le genre humain, je crois voir une quantité de petits enfants étendus sur le plancher d'une chambre en hiver, et qui n'ont entre eux qu'une seule couverture trop courte et trop étroite pour les couvrir tous. Chacun s'efforce pour tirer la couverture à soi et découvre tantôt une épaule et tantôt une jambe de son petit voisin, mais ceux qui sont au milieu, quoique ils étouffent de chaud, tirent si fort dans tous les sens, qu'une quantité de ces pauvres petits, qui sont au bord de la couverture, restent nus et meurent de froid. »

Elle comparait la société de Paris et ses individus à une quantité de médailles renfermées dans une bourse, lesquelles à force de s'être frottées longtemps l'une contre l'autre, ont usé leur empreinte et se ressemblent toutes.

Madame Geoffrin, méthodique et compassée en tout ce qu'elle faisait, l'était aussi dans la distribution des heures de sa journée. Elle avait des heures fixes dans l'après-dînée, pour faire rencontrer ensemble les différentes classes de personnes, qui pouvaient se convenir, et souvent c'étaient des rendez-vous d'affaires, qui se traitaient chez elle et dont elle était la médiatrice. C'était une grande contrariété pour elle quand une visite indiscrète venait troubler ses arrangements.

Le général Clerk, membre du Parlement et du parti de l'opposition, était venu à Paris fort recommandé par lord Shelburne. Il était fort fêté, surtout par les gens de lettres, et on l'avait présenté à madame Geoffrin comme un homme savant et jouant un rôle considérable dans son pays. Elle le pria à dîner, et lui, étant resté le dernier sans faire mine de vouloir partir, elle lui demanda, s'il n'allait point au spectacle, disant, qu'on donnait une nouvelle pièce et qu'il fallait s'y rendre de bonne heure. « Non, madame, répondit-il, je n'aime pas le spectacle français. — Vous aimez mieux sans doute vous promener et, par le beau temps qu'il fait, vous trouverez beaucoup de monde aux Tuileries. — Non, madame, je n'aime pas la promenade. — Mais apparemment vous avez beaucoup de connaissances et par conséquent beaucoup de visites à faire? — Oh non, madame, je ne fais point de visites. — Mais, monsieur, dit madame Geoffrin impatientée, vous devez bien vous ennuyer toute l'après-dînée. — Pardonnez-moi, interrompit le général, quand je suis quelque part, après mon dîner, je cause et je reste. » Il resta effectivement enraciné tout le long de la soirée, s'invita à souper, sortit le dernier de la compagnie et ne revint plus, car madame Geoffrin le consigna à sa porte pour toujours.

Plusieurs services, que madame Geoffrin a rendus à la princesse d'Anhalt, mère de l'impératrice Catherine, et au comte de Bezkoy, que cette princesse aimait beaucoup, et à la fameuse Anastasie, par la suite sa favorite intime, ont produit la liaison et le commerce de lettres, qui a existé entre Catherine et madame Geoffrin. Cette dernière avait acquis un droit tout particulier d'écrire librement tout ce que son zèle pouvait lui inspirer. Lorsque le manifeste sur la mort de Pierre III parut, madame Geoffrin osa mander à l'impératrice le mauvais effet, que ce mémoire, si contraire à ce que tout le monde savait, produisait dans le public. Catherine, sans en être blessée, répondit : Hélas! madame, ce mémoire n'a pas été composé pour les pays étrangers, il a été fait pour un peuple, auquel il faut dire ce qu'il faut croire. J'ai lu cette lettre, remarquable par sa naïveté et son indulgence, et je puis en attester l'exacte vérité.

Madame Geoffrin avait une science physionomique assez singulière. Elle prétendait reconnaître le caractère des gens par leur dos, et cela donna l'idée à un peintre de ses amis de faire son portrait d'une manière fort ingénieuse. On voyait dans ce tableau madame Geoffrin par derrière dans sa robe de chambre grise, son linge plat et sa coiffe noire, au fond d'une avenue et prête à entrer dans le cloître, où elle avait coutume de faire tous les ans une retraite. Sa ressemblance était frappante, quoiqu'elle tournât le dos aux spectateurs.

Madame Geoffrin avait une fille qui ne lui ressemblait ni de figure, ni d'humeur, ni de caractère, aussi ne l'aimait-elle guères, et disait, que c'était un œuf de canard, qu'elle avait couvé. Cette fille était madame de la Ferté-Imbeault. Elle avait été fort belle, et sa mère l'avait forcée d'épouser un mari vieux, jaloux et pauvre, pour lui donner un grand nom, ce qui a été la source de leur mésintelligence. Délivrée de bonne heure de la tyrannie de son mari, son premier soin fut de s'affranchir de celle de sa mère, qui fut obligée de prendre patience, voyant que sa fille avait hérité d'elle la fermeté, l'esprit et la violence de caractère, suffisants pour lui résister et pour être maîtresse absolue de ses volontés.

Madame de la Ferté-Imbeault était bonne, franche, gaie, vive, brusque et bruyante, parce qu'elle était fort sourde. Elle s'était donnée une existence très-singulière en se donnant pour folle. Ce rôle, qu'elle appelait son domino, était joué par elle si parfaitement, que des sots y étaient trompés, et qu'il faisait les délices des gens d'esprit avec lesquels elle vivait. Elle soulevait de temps en temps ce joli masque si agréable à l'amour-propre de tout le monde, pour montrer adroitement les coins les plus intéressants de la figure naturelle, et, mêlant la vérité aux extravagances, le savoir à l'ignorance, et la sagesse à la déraison, elle savait faire aimer et respecter sa folie.

Ses succès en ce genre, joints à son goût pour les chansons et les divertissements du bon vieux temps, inspirèrent à son imagination un plan, dont l'exécution la rendit presque célèbre à Paris et dans les pays étrangers. Se rappelant les plaisirs joyeux de la fête des fous et de la mère folle à Dijon et les productions piquantes du régiment de la Calotte, elle donna à ses idées une forme moins satyrique, plus décente et encore plus gaie, parce que c'était de la folie toute pure, et fonda l'ordre des Lanturlus. Ses lois principales étaient de n'avoir pas le sens commun, de faire des chansons, et de dire des bêtises spirituelles. Il était divisé en deux classes, celle des *Lampons*, parce que le refrain de ses chansons était : Camarades, Lampons; et celle des *Lanturlus* dont les chansons finissaient par : Lanturlu, Lanturlu. Madame de la Ferté-Imbeault s'était déclarée reine de cet ordre, et distribuait à ses favoris les charges de la couronne. Non-seulement toute la société était Lanturlus, mais aussi beaucoup de grands seigneurs ont été admis à cet honneur, entre autres : Paul I, alors grand-duc de Russie, le prince Henri de Prusse, les ducs de Gotha et de Weimar, et même les deux frères de Louis XVI ont demandé à être reçus, mais l'étiquette de Versailles était trop sérieuse pour se prêter à ces folies, que la gravité pincée du prince Henri n'avait pas dédaignées. Je le vis pourtant faire une grimace fort plaisante, lorsqu'on l'obligea à se mettre à genoux, pour baiser la main de notre reine.

Malgré toutes ces folies, madame de la Ferté-Imbeault faisait plus de cas de la raison solide que du simple esprit. Elle passait ses matinées à lire les auteurs anciens, surtout Plutarque et Montaigne. Elle avait été amie intime du président de Montesquieu, mais elle était un peu brouillée avec les gens de lettres, parce qu'ils la croyaient plus dévote qu'elle ne l'était, à cause de ses liaisons avec madame de Marsan, la patriarche des dévotes.

Ici je dois noter comme une chose singulière, que c'est madame de la Ferté-Imbeault qui a introduit M. de Condorcet dans le monde et qui a commencé sa fortune. Ce pauvre marquis était arrivé, recommandé à elle, fort déguenillé, et n'ayant d'autres richesses que son grand savoir en mathématiques et son livre du calcul intégral et différentiel. Madame de la Ferté-Imbeault le prit dans une grande affection ; elle ne l'appelait que son intégral. Elle le produisit à la cour, lui fit avoir une pension, mais prenant bientôt une place distinguée parmi les philosophes, il tourna le dos à sa protectrice ; toutefois son ingratitude ne lui fit pas autant de mal qu'au duc de la Rochefoucault, qu'il a fait massacrer.

La société que madame de la Ferté-Imbeault cultivait et amusait le plus, était celle du marquis de Pont-Chartrain ; elle y vivait intimement avec le duc de Nivernois et M. de Maurepas.

L'amitié de madame de Marsan lui attirait celle des enfants de France ; elle était fort bien à la cour de Mesdames, extrêmement liée avec les principales personnes du parlement, et tout cela, joint à une bonne maison, lui valait une considération, qui l'emportait sur le ridicule qu'elle voulait bien se donner. De tous les gens de lettres, qui fréquentaient la maison de sa mère, elle ne voyait que MM. Grimm et Burigny. Ce dernier, plus respectable par ses vertus et la grande simplicité de son caractère que par ses écrits, avait été soigné dans sa vieillesse par madame Geoffrin ; mais sa décrépitude a été honorée et égayée dans la maison de madame de la Ferté-Imbeault d'une manière si touchante que jamais père, entouré de sa famille, n'a paru plus heureux.

La bonhomie et l'imagination couleur de rose de madame de la Ferté-Imbeault ont vu, ainsi que moi, fort en beau les commencements de la révolution, mais sa raison en a pressenti les malheurs bien plus tôt que moi, et elle a eu le bonheur de mourir quelques mois avant les scènes affreuses du terrorisme.

Lettre de madame Geoffrin à M. Bautin, receveur général des finances à Paris.

A Vienne, ce 12 juin 1766.

Mon cher petit ami, je vous crois de retour de vos voyages, au moins le serez-vous, quand cette lettre sera à Paris. Je suis sûre que vous serez bien aise d'y trouver de mes nouvelles. Je suis arrivée à Vienne samedi au soir et en parfaite santé. J'ai eu pendant tout le voyage ces certaines belles couleurs, que j'avais pendant celui du Housset, quoique je n'aie point bu le petit coup, ni chanté la chansonnette.

Je ne me suis pas ennuyée un seul instant pendant le voyage. Je n'avais pour compagnie que mes deux femmes que j'avais priées de causer entre elles en toute liberté ; elles ont souvent dit des choses qui m'ont divertie. J'avais porté des livres ; je n'en ai pas ouvert aucun que celui des postes d'Allemagne, et cette jolie carte qui m'avait mise si injustement et si ridiculement en colère. J'ai fait une pose en chemin à Durlach, où j'avais un ami. J'ai été tant accueillie par le margrave et la margrave, que nous avons eu les yeux mouillés en nous séparant. J'y ai été aussi à mon aise que je le suis chez moi ; on m'a fait promettre d'y retourner.

Le prince et la princesse ont de l'esprit et du goût pour les arts, mais cela n'est ni éclairé, ni conduit ; cette petite cour là est magnifique et servie à la française. Voilà mon premier succès dont mon petit ami se serait rengorgé, mais tout ce que je vais lui dire est bien pis que tout cela.

Il faut vous dire que mon voyage a fait mille fois plus de bruit à Vienne qu'à Paris. Il y avait quinze jours que le prince de Kaunitz avait donné ordre aux postes que l'on l'avertisse de mon arrivée. Moi, je vous dirai dans la plus grande droiture de mon cœur, que je comptais passer trois ou quatre jours à Vienne dans mon auberge, où j'aurais vu quelques hommes, que j'étais bien sûre qui seraient bien aises de me voir, et de repartir sans avoir rien vu.

Il en a été tout autrement. Dès le lendemain de mon arrivée, ma chambre n'a pas été ouverte, qu'elle a été remplie de valets de chambre et de pages pour me complimenter, savoir de mes nouvelles, et me prier à dîner; et à onze heures, les ambassadeurs de toutes les cours et tous les seigneurs, que j'ai reçus chez moi depuis bien des années et dont je ne me souvenais plus, sont venus me voir, avec des expressions de reconnaissance et de sentiment dont j'ai été confondue.

La princesse Kinsky, qui en est une autre que celle de Paris, qui est la plus charmante personne qu'il soit possible d'imaginer, est venue chez moi, et s'est tellement emparée de moi que nous ne nous quittons pas d'un seul instant.

Le prince Galitzin est la première personne considérable que j'ai vue; il est venu chez moi le soir même de mon arrivée. Il m'a priée à dîner pour le lendemain, il voulait m'emmener chez lui, mais n'ayant pas voulu accepter toutes ses offres, il m'a donné tout ce qui me manquait dans mon auberge. Il m'a envoyé tous les matins du café à la crême; son carrosse est le mien; enfin je suis comblée et accablée de ses attentions. Quand je ne dîne point chez lui, on le prie à dîner où je dîne, enfin nous ne nous quittons pas. C'est un homme adorable. Je vous prie de le dire au prince Galitzin, votre voisin, en voulant bien lui faire de ma part mille tendres compliments.

Le prince de Kaunitz, qui est ici non-seulement le premier ministre, mais aussi le premier ministre de tous les premiers ministres de l'Europe, a un pouvoir absolu et une représentation d'une dignité et d'une magnificence inimaginables. Il a un jardin à deux pas de Vienne, où on va dîner tous les jours; on y fait la meilleure chère possible et servie avec une élégance charmante; il a une sœur, qui est veuve, qui fait les honneurs de chez lui, et avec une politesse et une attention qui enchantent tout le monde.

Le prince, après le dîner, sur les cinq ou six heures, revient en ville pour ses affaires. La compagnie va de son côté faire chacun ce qui lui convient, et l'on revient le soir en ville dans son appartement au palais impérial. Cet appartement est superbe, bien éclairé et rempli de toute la cour et la ville, et on y est comme si on était dans son boudoir. On se cantonne, on demande une table sur laquelle on s'appuie sans jouer, et on cause jusqu'à onze heures. On ne soupe point; dans toute la ville on donne des rafraîchissements. J'y passe toutes mes soirées, et j'ai la distinction, dont tout le monde me fait de grands compliments, que le prince de Kaunitz est assis à côté de moi, et qu'il me parle avec beaucoup d'intimité; et là on me fait des présentations sans fin, en me parlant de ma grande réputation et de mon grand mérite.

Vous autres, qui vous moquez de moi toute la journée, vous seriez confondus, si vous voyiez le cas que l'on fait de moi ici! Le lendemain de mon arrivée, la princesse Kinsky avec le prince Galitzin m'ont menée promener à une promenade publique, qui est comme sont les Champs-Élysées. L'empereur y était avec une des archiduchesses en calèche; il venait à notre rencontre, je le vis autant qu'il m'était possible en passant; il me regarda et fit des mines à madame de Kinsky; après trente pas le carrosse s'arrêta et on cria: « Voilà l'empereur qui revient. » Je me mis sur le devant du carrosse pour le voir mieux, sa calèche s'arrêta. Il sauta en bas, et vint à la portière du carrosse et me dit, « que, comme il partait la nuit pour aller à un camp, il avait été très-empressé de me connaître. » Il me dit « que le roi de Pologne était bien heureux d'avoir une amie comme moi. » Je fus confondue et n'ai jamais été si bête; enfin je lui dis: « Comment est-il possible que Votre Majesté impériale sache que je suis au monde? » Il me dit « qu'il me connaissait très-bien, et qu'il savait tout ce que j'avais quitté en quittant ma maison. » Enfin il me parla comme s'il avait été à nos petits soupers du mercredi. Je voulus me jeter en bas du carrosse pour me prosterner, il m'en empêcha avec une grâce infinie.

Hier j'ai vu l'impératrice douairière régnante, et toute la famille royale à Schœnbrunn. L'impératrice m'a parlé avec une bonté et une grâce inexprimables; elle m'a nommé toutes les archiduchesses, l'une après l'autre, et les jeunes archiducs. C'est la plus belle chose que cette famille qu'il soit possible d'imaginer. Il y a la fille de l'empereur, arrière petite-fille du roi de France; elle a douze ans : elle est belle comme un ange. L'impératrice m'a recommandé d'écrire en France que je l'avais vue cette petite, et que je la trouvais belle. En quittant l'impératrice, elle m'a donné sa main à baiser, et comme je lui ai demandé la permission à mon retour de lui présenter mes respectueux hommages, elle m'a dit : « Je serais jalouse, si vous retourniez par un autre chemin. »

Enfin, je crois rêver. Je suis ici plus connue que je ne le suis dans la rue Saint-Honoré et de la façon du monde la plus flatteuse, et mon voyage y fait un bruit, depuis quinze jours, incroyable. En voilà bien long, mon cher petit ami, mais j'ai cru que je devais ce détail à votre amitié. A Varsovie, je vous en ferai un autre. Adieu jusque là. Je vous aime et vous embrasse, mon cher petit, de tout mon cœur, et, en vérité, cela est bien vrai.

Je dis hier au soir au prince de Kaunitz : « Mon prince, la reine de Trébisonde ne pouvait pas être mieux reçue que moi. » Il me répondit : « Personne ne peut être vu ici avec plus d'estime et de considération que vous ; vous êtes respectée plus que vous ne pourrez jamais vous l'imaginer. » Il est bien sûr que je ne l'ai pas imaginé et que je ne l'imagine pas encore! Vraiment, vraiment, j'oubliais de vous parler de l'homme que le roi de Pologne m'a envoyé pour me conduire chez lui. C'est un gentilhomme qui a le titre de capitaine. Il parle toutes les langues; il est très-entendu: il a à sa suite des meubles pour meubler les auberges où je coucherai, vaisselle d'argent, cuisiniers, provisions, et généralement tout ce qu'il est possible d'imaginer pour rendre mon voyage très-commode.

Hé bien, mon cher petit ami, malgré mes succès, ma gloire et tous les honneurs que l'on me rend, je sens que le plaisir que j'aurai de vous revoir et tous mes amis, me sera bien plus sensible encore que tout cela, et que je vous aimerai tous encore, s'il est possible, plus que je ne faisais.

Mille tendresses à mon petit chat, à madame la vicomtesse, à M. votre frère et à madame votre belle-sœur, et dites à M. de Chauvelin que je compte sur son amitié, que j'en suis touchée et très-reconnaissante. Faites-lui part de mes succès, afin qu'il ne se repente pas de m'aimer.

Des compliments aussi, honnêtes et affectueux, à M. l'abbé Chauvelin ; je n'ai que lieu de me louer de lui. Enfin, mon cher petit ami, entretenez-moi dans le souvenir de toutes les personnes qui m'honorent de leur bonté et de leurs amitiés.

Voilà encore que j'oubliais de vous dire que l'impératrice m'a trouvé le plus beau teint du monde. Vous voyez que ceci est une confession générale.

Enfin, je pars demain de Vienne.

IX

LE MARÉCHAL DE BRISSAC[1].

JAMAIS ridicules n'ont été respectés en France comme ceux du maréchal de Brissac. Ils étaient vraiment respectables, car ils avaient les grâces de la naïveté, les charmes du romanesque, et le mérite d'une réalité aussi estimable qu'extraordinaire.

Son style gaulois, ses phrases amphigouriques, ses bas ponceaux roulés, son juste-au-corps à grands parements, boutonné, les deux petites queues qui terminaient sa frisure exhaussée, tout cela allait parfaitement à l'air de son âme. De loin, on croyait voir un vieux fou; mais de près, c'était un homme du temps des Bayards, et ce qui rendait son héroïsme complétement aimable, c'est que les formes de sa vertu étaient assez grotesques, pour ne pas

1. Jean-Paul-Timoléon de Cossé-Brissac, né en 1698, devint maréchal de France en 1768 et mourut en 1784.

trop humilier l'amour-propre de ses contemporains.

On voulait un jour l'engager, par la crainte de déplaire à la cour, à une condescendance équivoque ; il répondit : « J'ai tous les courages, hors celui de la honte. » Dans sa jeunesse, ayant pris querelle avec le prince de Conti, au sortir de l'Opéra, et proposé de se battre avec lui, il fut mené à la Bastille. Pour en sortir, il devait faire des excuses à ce prince devant toute la cour. Ses parents eurent bien de la peine à l'y résoudre ; enfin, il promit d'obéir au roi. Arrivé dans la galerie de Versailles, il s'approcha du prince de Conti, et il lui dit : « Le roi m'a ordonné de vous demander pardon : je le fais, mais vous pouviez vous faire honneur à meilleur marché, car, en vérité, je ne vous aurais pas tué. » On le ramena à la Bastille : la guerre étant survenue, il fut envoyé à son régiment et on n'en parla plus.

X

LA FAMILLE DE MIRABEAU.

NE autre originalité gauloise, mais fort différente de celle du maréchal de Brissac, était le marquis de Mirabeau, surnommé « l'ami des hommes. »

Montaigne avait fait sur lui l'effet que les romans de chevalerie avaient fait sur Don Quichotte. Il aimait Montaigne et son style : il avait raison, mais il l'imitait assez mal, se croyait Montaigne, et avait doublement tort.

Le marquis de Mirabeau n'a été ni si bon, ni si méchant, que ses amis et ses ennemis l'ont dit. La faiblesse de son caractère le rendait l'un et l'autre, suivant l'impulsion des circonstances ; il était vaniteux autant que son ami M. de Pompignan ; dès leur tendre jeunesse, ils s'étaient admirés réciproquement, et avaient communiqué ce sentiment à leurs familles qui l'ont poussé jusqu'à l'adoration.

Maîtres dans leurs maisons, ils ont été gâtés

par un encens domestique, qui est devenu puant au dehors. Si M. de Mirabeau a paru mauvais père et mauvais mari, il faut convenir aussi qu'il avait une femme débordée dans sa conduite, et un fils aîné, qu'il fallait empêcher d'aller à l'échafaud; mais la manière despotique, avilissante et haineuse, avec laquelle ce fils était traité et désespéré dans la maison paternelle, parce qu'il était laid et indomptable par les châtiments, étouffait en lui les sentiments d'honneur et d'ambition qui devaient se trouver au fond de son âme courageuse, aigrissait la violence de ses passions, et aiguisait son esprit si différent et si supérieur à celui de ses parents. Je leur ai dit souvent qu'ils en feraient un grand scélérat, pouvant en faire un grand homme. Il est devenu l'un et l'autre.

J'ai contracté une liaison intime dans la famille de Mirabeau, en opérant un raccommodement du chevalier de Mirabeau [1], mon ami, qui était brouillé à mort avec sa mère et ses frères, pour son mariage avec mademoiselle Navarre, ci-devant comédienne et maîtresse du maréchal de Saxe.

La secte des économistes, dont le marquis

1. Il avait été attaché à la cour de la margrave de Bayreuth, où j'avais fait sa connaissance.

était l'apôtre, m'avait rapproché de lui au point que j'étais devenu l'enfant de la maison; même la vieille mère, dévote et scrupuleuse à l'excès, m'honorait d'une amitié et d'une confiance qui étonnaient tout le monde, parce que j'étais hérétique et vivais avec les encyclopédistes, qui étaient ses bêtes noires. C'est surtout pour transmettre l'histoire de la maladie et de la fin de cette femme singulière, que j'écris cet article de sa famille. Elle avait été mariée fort jeune à un vieux militaire, capitaine aux gardes françaises, à la fin du règne de Louis XIV. On racontait de lui, comme des preuves de son originalité et de la considération qu'on avait pour lui, que passant un jour à la tête de sa troupe sur le Pont-Neuf, il s'arrêta devant la statue de Henri IV, et dit à ses soldats : « Mes enfants, saluons celui-ci, il en vaut bien un autre; » de plus, qu'il avait osé battre un jour, dans l'antichambre du roi, un garçon bleu qui lui avait manqué, et que rien de tout cela n'avait été ressenti par Louis XIV.

Il paraît de là que le vieux Mirabeau doit avoir été un peu brusque, emporté et sans doute jaloux. Il y a apparence que la jeune femme avait beaucoup de tempérament et qu'elle a dû appeler la religion au secours de sa vertu; car je l'ai connue stupidement dévote, en dépit d'une pénétration, d'une justesse et d'une force d'esprit étonnantes.

Sa maladie me paraît avoir développé les combats de son tempérament contre ses principes, et de sa philosophie contre la foi la plus aveugle. A l'âge de quatre-vingt-deux ans, elle tomba malade d'une goutte remontée, et que Bordeu prit pour une fièvre catarrhale maligne; il lui donna beaucoup de kermès minéral, qui subtilisa l'humeur goutteuse. Elle se répandit sur les nerfs, et se concentra ensuite dans le cerveau; elle devint folle, furieuse, enragée, elle arrachait tous ses vêtements; on fut obligé de la coucher sur la paille, et de la mettre sous la garde d'un vieux valet de soixante etdix ans, qui seul pouvait en venir à bout, parce qu'elle en était devenue amoureuse.

Elle était un squelette et n'avait plus qu'un souffle de vie, lorsque la rage la prit. Dès ce moment, sa santé physique changea si miraculeusement, qu'elle engraissa à vue d'œil, devint fraîche comme une jeune fille, et tous les symptômes de son sexe et de la jeunesse lui revinrent.

Mais ce qu'il y a de plus merveilleux encore, c'est que sa folie portait précisément sur les deux points contraires de son caractère moral. Cette femme si vertueuse, si prude, qui s'offensait de l'ombre d'une expression équivoque, vomissait des paroles qui auraient révolté les oreilles d'un grenadier et qu'on aurait cru devoir lui être totalement inconnues, et caressait sans cesse son garde septuagénaire. Le second produit de sa rage était les blasphêmes les plus horribles, et quand quelqu'un venait la voir, elle lui criait de renier Dieu ou qu'elle l'étranglerait. Elle a vécu dans cet état jusqu'à l'âge de quatre-vingt-six ans, et c'est bien d'elle qu'on peut dire par excellence qu'elle a eu la tête tournée et l'esprit à l'envers.

XI

SAINT-GERMAIN.

Le penchant pour le merveilleux inné à tous les hommes en général, mon goût particulier pour les impossibilités, l'inquiétude de mon scepticisme habituel, mon mépris pour ce que nous savons et mon respect pour ce que nous ignorons, voilà les mobiles qui m'ont engagé à voyager durant une grande partie de ma vie dans les espaces imaginaires. Aucun de mes voyages ne m'a fait autant de plaisir; j'ai été absent pendant bien des années, et suis très-fâché de devoir maintenant rester chez moi.

Bien persuadé qu'on ne peut être constamment heureux qu'en poursuivant de près un bonheur, qui s'échappe sans cesse, sans jamais se laisser atteindre, je suis moins fâché de n'avoir rien trouvé de ce que je cherchais, que de ne plus savoir où aller et de n'avoir plus ni conducteur ni compagnon de voyage. Je suis seul, sédentaire dans des châteaux en Espagne, que j'élève et que je détruis comme un enfant qui bâtit et renverse ses châteaux de cartes.

Mais pour varier mes plaisirs, et pour rafraîchir mon imagination, je vais me retracer les souvenirs de quelques-uns des personnages principaux que j'ai rencontrés dans mes voyages, qui m'ont guidé, logé, nourri, et qui m'ont procuré des jouissances pas moins réelles que tant d'autres qui sont passées et qui n'existent plus.

Je commence par le célèbre Saint-Germain, non-seulement parce qu'il a été pour moi le premier en date, mais aussi le premier dans son genre.

Revenant à Paris en 1759, je fis une visite à la veuve du chevalier Lambert, que j'avais connue précédemment, et y vis entrer après moi un homme de taille moyenne, très-robuste, vêtu avec une simplicité magnifique et recherchée. Il jeta son chapeau et son épée sur le lit de la maîtresse du logis, se plaça dans un fauteuil près du feu et interrompit la conversation en disant à l'homme qui parlait : « Vous ne savez ce que vous dites, il n'y a que moi qui puisse parler sur cette matière, que j'ai épuisée tout comme la musique que j'ai abandonnée, ne pouvant plus aller au delà. »

Je demandai avec étonnement à mon voisin,

qui était cet homme-là, et il m'apprit que c'était le fameux M. de Saint-Germain, qui possédait les plus rares secrets, à qui le roi avait donné un appartement à Chambord, qui passait à Versailles des soirées entières avec Sa Majesté et madame de Pompadour, et après qui tout le monde courait, quand il venait à Paris. Madame Lambert m'engagea à dîner pour le lendemain, ajoutant avec une mine glorieuse, que je dînerais avec M. de Saint-Germain, lequel, par parenthèse, faisait la cour à une de ses filles et logeait dans la maison.

L'impertinence du personnage me retint longtemps dans un silence respectueux à ce dîner; enfin, je hasardai quelques propos sur la peinture, et m'étendis sur différents objets que j'avais vus en Italie. J'eus le bonheur de trouver grâce aux yeux de M. de Saint-Germain; il me dit : « Je suis content de vous, et vous méritez que je vous montre tantôt une douzaine de tableaux, dont vous n'aurez pas vu de pareils en Italie. » Effectivement il me tint presque parole, car les tableaux qu'il me fit voir étaient tous marqués à un coin de singularité ou de perfection, qui les rendait plus intéressants que bien des morceaux de la première classe, surtout une sainte famille de Murillo, qui égalait en beauté celle de Raphaël à Versailles; mais il me montra bien autre chose, c'était une quantité de pierreries et surtout des diamants de couleur, d'une grandeur et d'une perfection surprenantes.

Je crus voir les trésors de la lampe merveilleuse. Il y avait, entre autres, une opale d'une grosseur monstrueuse et un saphir blanc de la taille d'un œuf, qui effaçait par son éclat celui de toutes les pierres de comparaison que je mettais à côté de lui. J'ose me vanter de me connaître en bijoux, et je puis assurer que l'œil ne pouvait découvrir aucune raison pour douter de la finesse de ces pierres, d'autant plus qu'elles n'étaient point montées.

Je restai chez lui jusqu'à minuit et le quittai son très-fidèle sectateur. Je l'ai suivi pendant six mois avec l'assiduité la plus soumise, et il ne m'a rien appris, sinon à connaître la marche et la singularité de la charlatanerie. Jamais homme de sa sorte n'a eu ce talent d'exciter la curiosité et de manier la crédulité de ceux qui l'écoutaient. Il savait doser le merveilleux de ses récits, suivant la réceptibilité de son auditeur. Quand il racontait à une bête un fait du temps de Charles Quint, il lui confiait tout crûment qu'il y avait assisté, et quand il parlait à quelqu'un de moins crédule, il se contentait de peindre les plus petites circonstances, les mines et les gestes des interlocuteurs, jusqu'à la chambre et la place qu'ils occupaient, avec un détail et une vivacité qui faisaient l'impression d'entendre un homme qui y avait réellement été présent. Quelquefois, en rendant un discours de François Ier, ou de Henri VIII, il contrefaisait la distraction et disant : « Le roi se tourna vers moi » .... il avalait promptement le *moi* et continuait avec la précipitation d'un homme qui s'est oublié, « vers le duc un tel. »

Il savait, en général, l'histoire minutieusement, et s'était composé des tableaux et des scènes si naturellement représentés, que jamais témoin oculaire n'a parlé d'une aventure récente, comme lui de celles des siècles passés.

« Ces bêtes de Parisiens, me dit-il un jour, croient que j'ai cinq cents ans, et je les confirme dans cette idée, puisque je vois que cela leur fait tant de plaisir; ce n'est pas que je ne sois infiniment plus vieux que je ne parais, » — car il souhaitait pourtant que je fusse sa dupe jusqu'à un certain point. Mais la bêtise de Paris ne s'en tint pas à lui donner quelque peu de siècles : elle est allée jusqu'à en faire un contemporain de Jésus-Christ, et voici ce qui a donné lieu à ce conte.

Il y avait à Paris un homme facétieux, nommé milord Gower, parce qu'il contrefaisait les Anglais supérieurement. Après avoir été employé dans la guerre de Sept ans par la cour, comme espion à l'armée anglaise, les courtisans se servaient de lui à Paris pour jouer toutes sortes de personnages déguisés, et pour mystifier les bonnes gens. Or, ce fut ce milord Gower que des mauvais plaisants menèrent dans le Marais sous le nom de M. de Saint-Germain, pour satisfaire la curiosité des dames et des badauds de ce canton de Paris, plus aisé à tromper que le quartier du Palais-Royal; ce fut sur ce théâtre que notre faux adepte se permit de jouer son rôle, d'abord avec un peu de charge, mais, voyant qu'on recevait tout avec admiration, il remonta de siècle en siècle jusqu'à Jésus-Christ, dont il parlait avec une familiarité si grande, comme s'il avait été son ami. « Je l'ai connu intimement, disait-il, c'était le meilleur homme du monde, mais romanesque et inconsidéré; je lui ai souvent prédit qu'il finirait mal. » Ensuite, notre acteur s'étendait sur les services qu'il avait cherché à lui rendre par l'intercession de madame Pilate, dont il fréquentait la maison journellement. Il disait avoir connu particulièrement la sainte Vierge, sainte Élisabeth, et même sainte Anne sa vieille mère. « Pour celle-ci, ajoutait-il, je lui ai rendu un grand service après sa mort. Sans moi, elle n'aurait jamais été canonisée. Pour son bonheur, je me suis trouvé au concile de Nicée, et comme je connaissais beaucoup plusieurs des évêques qui le composaient, je les ai tant priés, leur ai tant répété que c'était une si bonne femme, que cela leur coûterait si peu d'en faire une sainte, que son brevet lui fut expédié. » C'est cette facétie si absurde et répétée à Paris assez sérieusement, qui a valu à M. de Saint-Germain le renom de posséder une médecine qui rajeunissait et rendait immortel; ce qui fit composer le conte bouffon de la vieille femme de chambre d'une dame, qui avait caché une fiole pleine de cette liqueur divine : la vieille soubrette la déterra et en avala tant, qu'à force de boire et de rajeunir, elle redevint petit enfant.

Quoique toutes ces fables, et plusieurs anecdotes débitées sur l'âge de M. de Saint-Germain, ne méritent ni la croyance ni l'attention des gens sensés, il est pourtant vrai que le recueil de ce que des personnes dignes de foi m'ont attesté sur la longue durée et la conservation presque incroyable de sa figure, a quelque chose de merveilleux. J'ai entendu Rameau et une vieille parente d'un ambassadeur de France à Venise, assurer y avoir connu M. de Saint-Germain en 1710, ayant l'air d'un homme de cinquante ans. En 1759, il paraissait en avoir soixante, et alors M. Morin, depuis mon secrétaire d'ambassade, de la véracité duquel je puis répondre, renouvelant chez moi sa connaissance faite en 1735 dans un voyage en Hollande, s'est prodigieusement émerveillé de ne le pas trouver vieilli d'une année. Toutes les personnes qui l'ont connu depuis, jusqu'à sa mort, arrivée à Schleswig en 1780, si je ne me trompe, et que j'ai questionnées sur les apparences de son âge, m'ont toujours répondu qu'il avait eu l'air d'un sexagénaire bien conservé.

Voilà donc un homme de cinquante ans qui n'a vieilli que de dix ans dans l'espace de soixante-dix ans, et une notice qui me paraît la plus extraordinaire et la plus remarquable de son histoire.

Il possédait plusieurs secrets chimiques, surtout pour faire des couleurs, des teintures et une espèce de similor d'une rare beauté. Peut-être même était-ce lui qui avait composé ces pierreries dont j'ai parlé, et dont la finesse ne pouvait être démentie que par la lime. Mais je ne l'ai jamais entendu parler d'une médecine universelle.

Il vivait d'un grand régime, ne buvait jamais en mangeant, se purgeait avec des follicules de séné qu'il arrangeait lui-même, et voilà tout ce qu'il conseillait à ses amis qui le questionnaient sur ce qu'il fallait faire pour vivre longtemps. En général, il n'annonçait jamais, comme les autres charlatans, des connaissances surnaturelles.

Sa philosophie était celle de Lucrèce ; il parlait avec une emphase mystérieuse des profondeurs de la nature, et ouvrait à l'imagination une carrière vague, obscure et immense sur le genre de sa science, ses trésors, et la noblesse de son origine.

Il se plaisait à raconter des traits de son enfance, et se peignait alors environné d'une suite nombreuse, se promenant sur des terrasses magnifiques, dans un climat délicieux, comme s'il aurait été le prince héréditaire d'un roi de Grenade du temps des Maures. Ce qui est bien vrai, c'est que personne, aucune police n'a jamais pu découvrir qui il était, pas même sa patrie.

Il parlait fort bien l'allemand et l'anglais, le français avec un accent piémontais, l'italien supérieurement, mais surtout l'espagnol et le portugais sans le moindre accent.

J'ai ouï dire qu'entre plusieurs noms allemands, italiens et russes, sous lesquels on l'a vu paraître avec éclat dans différents pays, il avait aussi porté anciennement celui de marquis de Montferrat. Je me rappelle que le vieux baron de Stosch m'a dit à Florence avoir connu, sous le règne du Régent, un marquis de Montferrat, qui passait pour un fils naturel de la veuve de Charles II, retirée à Bayonne, et d'un banquier de Madrid.

M. de Saint-Germain fréquentait la maison de M. de Choiseul, et y était bien reçu. Nous fûmes donc bien étonnés d'une violente sortie que ce ministre fit à sa femme au sujet de notre héros. Il lui demanda brusquement, pourquoi elle ne buvait pas? et elle lui ayant répondu : qu'elle pratiquait, ainsi que moi, le régime de M. de Saint-Germain avec bon succès, M. de Choiseul lui dit : « Pour ce qui est du baron, à qui j'ai reconnu un goût tout particulier pour les aventuriers, il est le maître de choisir son régime, mais vous, madame, dont la santé m'est précieuse, je vous défends de suivre les folies d'un homme aussi équivoque. » Pour couper une conversation qui devenait embarrassante, le bailli de Solar demanda à M. de Choiseul, s'il était vrai que le gouvernement ignorait l'origine d'un homme, qui vivait en France sur un pied si distingué? « Sans doute que nous le savons, répliqua M. de Choiseul (et ce ministre ne disait pas vrai), c'est le fils d'un juif portugais, qui trompe la crédulité de la ville et de la cour. Il est étrange, ajouta-t-il en s'échauffant davantage, qu'on permette que le roi soit souvent presque seul avec un tel homme, tandis qu'il ne sort jamais qu'environné de gardes, comme si tout était rempli d'assassins. » Ce mouvement de colère provenait de sa jalousie contre le maréchal de Belle-Isle, dont Saint-Germain était l'âme damnée, et auquel il avait donné le plan et le modèle de ces fameux bateaux plats qui devaient servir à une descente en Angleterre.

La suite de cette inimitié et les soupçons de M. de Choiseul se développèrent peu de mois après. Le maréchal intriguait sans cesse pour se faire l'auteur d'une paix particulière avec la Prusse, et pour rompre le système de l'alliance entre l'Autriche et la France, sur lequel était fondé le crédit du duc de Choiseul. Louis XV et madame de Pompadour désiraient cette paix particulière. Saint-Germain leur persuada de l'envoyer à la Haye au duc Louis de Brunswick, dont il se disait l'ami intime, et promit de réussir par ce canal dans une négociation dont son éloquence présentait les avantages sous l'aspect le plus séduisant.

Le maréchal dressa les instructions, le roi les remit lui-même avec un chiffre à M. de Saint-Germain, qui étant arrivé à la Haye, se crut assez autorisé pour trancher du ministre. Son indiscrétion fit que M. d'Affry, alors ambassadeur en Hollande, pénétra le secret de cette mission, et fit, par un courrier qu'il envoya, des plaintes amères à M. de Choiseul, de ce qu'il exposait un ancien ami de son père, et la dignité du caractère d'ambassadeur à l'avanie de faire négocier la paix, sous ses yeux, sans l'en instruire, par un étranger obscur.

M. de Choiseul renvoya le courrier sur le champ, ordonnant à M. d'Affry d'exiger avec toute l'énergie possible des Etats généraux que M. de Saint-Germain lui fût livré, et cela fait, de l'adresser, pieds et poings liés, à la Bastille. Le jour d'après, M. de Choiseul produisit au conseil la dépêche de M. d'Affry ; il lut ensuite la réponse qu'il lui avait faite, puis, promenant ses regards avec fierté autour de ses collègues, et fixant alternativement le roi et M. de Belle-Isle, il ajouta : « Si je ne me suis pas donné le temps de prendre les ordres du roi, c'est parce que je suis persuadé que personne ici ne serait assez osé de vouloir négocier une paix à l'insu du ministre des affaires étrangères de Votre Majesté ! » Il savait que ce prince avait établi et toujours soutenu le principe, que le ministre d'un département ne devait pas se mêler des affaires d'un autre.

Il arriva de là ce qu'il avait prévu : le roi baissa les yeux comme un coupable, le maréchal n'osa pas dire le mot, et la démarche de M. de Choiseul fut approuvée ; mais M. de Saint-Germain lui échappa. L. H. P., après avoir fait valoir beaucoup leur condescendance, envoyèrent une garde nombreuse pour arrêter M. de Saint-Germain, qu'on avait averti secrètement et qui s'enfuit en Angleterre.

J'ai quelques données qui me font croire qu'il en repartit bientôt pour se rendre à Pétersbourg. De là, il apparut à Dresde, à Venise et à Milan, négociant avec les gouvernements de ces pays pour leur vendre des secrets de teintures, et pour entreprendre des fabriques. Il avait alors l'air d'un homme qui cherche fortune, et fut arrêté dans une petite ville du Piémont pour une lettre de change échue; mais il étala pour plus de 100,000 écus d'effets au porteur, paya sur le champ, traita le gouverneur de cette ville comme un nègre, et fut relâché avec les excuses les plus respectueuses. En 1770, il reparut à Livourne, portant un nom russe et l'uniforme de général, traité par le comte Alexis Orlof avec une considération que cet homme fier et insolent n'avait pour personne, et qui me paraît avoir un grand rapport avec un propos du prince Grégoire, son frère, tenu au margrave d'Anspach.

Saint-Germain s'était établi quelques années après chez ce dernier, et l'ayant engagé à aller avec lui voir ce favori fameux de Catherine II, qui passait à Nuremberg, celui-ci dit tout bas au margrave, en parlant de Saint-Germain, à qui il faisait le plus grand accueil : « Voilà un homme qui a joué un grand rôle dans notre révolution. »

Il était logé à Triesdorf, et y vivait à discrétion avec une insolence impérieuse qui lui allait à merveille, traitant le margrave comme un petit garçon. Quand il lui faisait humblement des questions sur sa science, la réponse était : « Vous êtes trop jeune pour qu'on vous dise ces choses-là. » Pour s'attirer encore plus de respect dans cette petite cour, il montrait de temps en temps des lettres du grand Frédéric : « Connaissez-vous cette main et ce cachet? » disait-il au margrave, en lui montrant la lettre dans son enveloppe. « Oui, c'est le petit cachet du roi. » — « Eh bien, vous ne saurez pas ce qu'il y a dedans, » et puis il remettait la lettre dans sa poche.

Ce prince prétend s'être assuré que les pierres précieuses de M. de Saint-Germain étaient fausses, ayant trouvé moyen d'en faire toucher une par la lime de son joaillier, qui fut aposté au passage du diamant qu'il s'agissait de montrer à la margrave, qui était au lit, car Saint-Germain avait grand soin de ne pas perdre ses pierreries de vue.

Enfin, cet homme extraordinaire est mort près de Schleswig, chez le prince Charles de Hesse, qu'il avait entièrement subjugué, et engagé dans des spéculations qui ont mal réussi. Durant la dernière année de sa vie, il ne se faisait servir que par des femmes, qui le soignaient et le dorlotaient comme un autre Salomon, et après avoir perdu insensiblement ses forces, il s'est éteint entre leurs bras.

Toutes les peines que les amis, les domestiques et même les frères de ce prince, se sont données pour arracher de lui le secret de l'origine de M. de Saint-Germain, ont été inutiles ; mais ayant hérité de tous ses papiers et reçu les lettres arrivées depuis au défunt, le prince doit être mieux instruit sur ce chapitre que nous, qui vraisemblablement n'en apprendrons jamais davantage, et une obscurité si singulière est digne du personnage.

XII

CAGLIOSTRO.

N a assez dit de mal de Cagliostro, je veux en dire du bien. Je pense que cela vaut toujours mieux, tant qu'on le peut et au moins n'ennuierai-je pas par des redites.

Cagliostro était petit, mais il avait une fort belle tête; elle aurait pu servir de modèle pour représenter la figure d'un poëte inspiré. Il est vrai que son ton, ses gestes et ses manières étaient celles d'un charlatan plein de jactance, de prétentions et d'impertinence; mais il faut considérer qu'il était Italien, médecin donnant des audiences, soi-disant grand-maître franc-maçon, et professeur des sciences occultes. Au demeurant, sa conversation ordinaire était agréable et instructive, ses procédés nobles et charitables, et ses traitements curatifs jamais malheureux et quelquefois admirables : il n'a jamais pris un sol de ses malades.

Je l'ai vu courir, au milieu d'une averse,

avec un très-bel habit, au secours d'un mourant, sans se donner le temps de prendre un parapluie, et j'ai vérifié trois cures merveilleuses qu'il a faites à Strasbourg, dans les trois genres où l'art des Français excelle.

Un bas officier, déclaré incurable d'une mauvaise maladie, et qui avait été un cadavre hideux, m'a été montré par son capitaine; il était gros et gras et parfaitement rétabli par Cagliostro.

Le secrétaire de M. de Lasalle, commandant à Strasbourg, se mourant de la gangrène à la jambe et abandonné de tous les chirurgiens, a été guéri par Cagliostro.

Une femme en travail ayant été condamnée par les accoucheurs à une mort certaine, sans promettre qu'ils sauveraient l'enfant, on fit appeler Cagliostro qui assura qu'il la délivrerait avec le succès le plus complet, et il tint parole. Il m'a avoué que sa promesse avait été téméraire; mais que le pouls du cordon ombilical l'ayant convaincu que l'enfant était en parfaite santé, et voyant qu'il ne manquait à la femme que des forces pour accoucher, il s'était fié à la vertu d'un remède singulièrement confortatif qu'il possédait, et qu'enfin il avait été plus heureux que sage.

Son bonheur ou sa science en médecine a dû lui attirer la haine et la jalousie des médecins, acharnés entre eux autant que les prêtres, quand ils se persécutent.

Voilà les ennemis dangereux, qui l'ont le plus décrié en France, en Pologne et en Russie. Ici, je me rappelle un défi plaisant que Cagliostro a fait au médecin du grand-duc Paul. Ce docteur l'avait appelé en duel. Cagliostro lui dit que chacun avait le droit de ne se battre qu'avec les armes de son état, et que comme il s'agissait de prouver la supériorité de leur science réciproque, il lui proposait de s'entre-empoisonner; qu'en conséquence, il lui offrait une pilule à avaler; qu'il en ferait autant de celle que son adversaire lui donnerait, et que celui qui aurait le meilleur contre-poison serait le vainqueur. La haine qu'on portait au cardinal de Rohan, avec lequel il était extrêmement lié, a aussi fortement rejailli sur lui, et son nom a été mêlé dans l'histoire du collier, mais sans aucune preuve. Qu'on joigne à la calomnie de tant d'ennemis positifs la malveillance des hommes, qui aiment en général à croire et à répéter plutôt le mal que le bien, et on verra qu'il est au moins possible qu'un inconnu excitant l'envie plus que la pitié ait été opprimé par la médisance.

Tout ce que je puis attester, c'est que ses disciples lui sont restés fidèles, autant que les élèves des jésuites à leurs maîtres, que ceux qui ont beaucoup vécu avec lui m'en ont beaucoup dit du bien, et personne du mal, avec des preuves convaincantes.

S'il a trompé en qualité d'adepte, il n'a fait que son métier, et même plus noblement que tant d'autres personnages plus respectables que lui ; car il donnait gratis à ceux qui avaient faim, la nourriture qu'ils lui demandaient.

La charité, même mal employée, est pour le moins excusable. Sa loge égyptienne en valait bien une autre, car il a tâché de la rendre plus merveilleuse et plus honorable qu'aucune loge européenne. Elle offrait plus de charges de grands-officiers, que n'en avait la couronne de France, et dans le dernier grade il y avait l'apparition d'un ange derrière un paravent avec un petit garçon, auquel cet ange révélait tout ce que le premier lui demandait à la requête des spectateurs du paravent. Comme Cagliostro choisissait un enfant de beaucoup d'esprit, on a toujours été merveilleusement étonné de la sagacité de ses réponses.

La mauvaise conduite de la femme de Cagliostro lui a aussi attiré des reproches, même celui d'en être le complice ; mais pourquoi supposer sans preuves qu'un mari soit content lorsqu'il est .... battu ?

Ce qui a le plus occupé la curiosité du public,

a été de découvrir d'où Cagliostro pouvait tirer tout l'argent qu'il dépensait, car il n'avait point de banquier qui lui en fournissait, il n'en recevait jamais par la poste, on ne lui connaissait aucuns biens, ni en terre, ni en portefeuille, et pourtant sa dépense annuelle à Strasbourg était évaluée à trente mille francs, et celle de Paris à près de cent mille.

Voilà un mystère qui n'a jamais été pénétré, et il est juste qu'un homme extraordinaire laisse après lui quelque chose à deviner. On a cru que c'est le cardinal qui lui a donné tout cet argent, et qu'il n'a jamais voulu s'en vanter; c'est ce qu'il y a de plus probable, car rien n'est plus faux que le profit qu'on disait que Cagliostro tirait de ses médecines en partageant avec son apothicaire. Cagliostro donnait gratis toutes les médecines qu'il composait lui-même, et l'apothicaire ne vendait que des pilules à un petit écu chaque boîte : or, j'en ai donné la recette, dont l'auteur m'avait gratifié, à un apothicaire d'Allemagne, lequel m'en a demandé le double pour la même quantité.

XIII

LAVATER.

Nul n'est prophète dans son pays. Ce proverbe a été démenti par Lavater. Il est impossible d'être plus aimé ni plus révéré, qu'il l'a été dans toute la Suisse. Son nom était connu et chéri jusque dans les montagnes les plus inaccessibles ; on venait de là chercher conseils et secours auprès de lui (souvent au milieu de la nuit), et toujours on trouvait assistance et consolation.

S'il a eu quelques ennemis à Zurich, c'est qu'il était membre d'une ville divisée par l'animosité de deux partis, et que l'envie républicaine n'avait pas même épargné Aristide. Mais il a trouvé dans les pays étrangers bien d'autres envieux plus injustes, que sa célébrité et ses opinions particulières, promulguées avec une confiance trop ingénue, lui ont attirés.

La source de son esprit et de son imagination était dans son cœur, par conséquent fort différente de celle qui n'était que dans la tête de ses adversaires, et sa candeur donnait beau jour à la malignité.

J'ai beaucoup examiné Lavater par les lunettes de ses amis, par celles de ses ennemis et par les miennes; en voici le résultat, au moins pour ma persuasion.

Si on accorde aux actions plus de valeur qu'aux paroles et aux écrits, Lavater a été l'homme le plus estimable de son temps; car personne n'a fait plus de bien dans sa sphère que lui en faisait du matin au soir. C'était son métier : il était ouvrier habile et diligent en bienfaisances, mettant toutes ses heures et toutes ses liaisons à profit pour rendre service aux malheureux et pour secourir les indigents.

Comme il n'était nullement riche, car il est mort fort obéré [1], il s'était créé un cercle d'âmes dévotes, qui avait l'air d'une secte, mais qui se distinguait de toute autre par ses bonnes

1. Sa digne veuve, encore vivante, a souvent été en peine de son avenir; mais il la tranquillisa chaque fois, en l'assurant que la Providence ne l'abandonnerait jamais. Cette prédiction a été merveilleusement accomplie; on dirait que la bénédiction de cet excellent mortel repose encore sur sa famille, qui forme un ensemble digne d'amour et de respect. Montaigne, en parlant du dernier jour de la vie, dit : « C'est le maître jour, c'est le jour juge de tous les autres. » — « C'est le jour, dit un an-

œuvres et l'amour de Dieu réalisé dans celui du prochain. Depuis, il avait imaginé un atelier de charité, où toutes sortes de petits ouvriers gagnaient du pain à faire mille petites niaiseries ingénieuses et élégantes, qu'il savait vendre à leur profit.

Son talent d'auteur a été le moindre de ses mérites; sa conversation valait mieux, mais ses actions étaient bien au-dessus de l'une et de l'autre. Son ouvrage le plus critiqué est sa « Physionomie. » Il a eu le sort de tous les nouveaux systèmes, de causer d'abord trop d'engouement et de finir par être déchiré sans pitié.

Les mérites principaux de ce livre sont les estampes et le style; mais il me semble qu'on a grand tort de traiter des assertions conjecturales comme des vérités scientifiques. De tous les écrits de Lavater, c'est son « Journal » qui, à mon gré, lui a fait le plus d'honneur. Il contient des confessions d'une âme pure, qui aspire à la plus grande perfection, et une méthode de scruter sa conscience bien instructive,

cien, qui doit juger de toutes nos années passées. » Personne n'a mieux que Lavater soutenu l'épreuve de cette pierre de touche. Lavater mourant et exhalant son âme en prières, a prouvé que sa doctrine émanait de son cœur, et a mis par là le cachet, le plus sublime sur la vie la plus pure.

mais bien difficile à pratiquer avec autant de sévérité et d'ouverture de cœur. Il faut être bien juste, pour oser coucher sur le papier toutes ses pensées les plus secrètes, et encore plus, pour les faire imprimer. Je doute qu'aucun des ennemis de Lavater aurait le courage de publier celle qu'il a eue, en l'accusant d'être jésuite. Sa conversation était bien plus agréable que ses écrits; variée par les avantages du discours animé, elle devenait particulièrement touchante et pleine d'onction, quand il s'agissait d'instruire ou de consoler.

De plus, elle était extrêmement nourrie, étant concentrée par l'économie que Lavater mettait à son loisir, et infiniment instructive, agréable et variée par la multiplicité de ses connaissances et par son goût exquis dans les arts.

Je n'ai guères rencontré quelqu'un qui m'ait donné plus de satisfaction que lui, en dissertant sur la peinture. Il avait un sentiment si profond de la beauté, un coup d'œil si juste et un tact si délicat, que j'en ai été émerveillé de la part d'un homme qui n'avait jamais été ni en France, ni en Italie.

Le talent pour la peinture lui paraissait inné, car, sans avoir jamais manié le pinceau, ni même dessiné, il savait guider la main peu habile d'un jeune artiste, d'une manière surprenante, et produisait avec ses teinturiers, par ses avis intelligents, des ouvrages vraiment charmants.

En général, tout en lui était marqué au coin de la finesse, jusqu'à sa physionomie effilée, et jusqu'au bout de son nez pointu; il apercevait l'indéfinissable dans la perfection, et il découvrait les imperfections les plus cachées. Mais, malgré tant de mérites et d'ornements qui distinguaient sa conversation, ses actions, je le répète, étaient au-dessus de tout; et lorsque je les considère, il me paraît que cet homme si moralement fertile ressemble à un arbre qui a produit d'assez belles feuilles et des fleurs délicieuses pour ceux qui étaient sous son ombre; mais surtout des fruits admirables, tant par leur nombre que par leur utilité.

La vanité et l'amour du merveilleux sont les défauts qu'on a particulièrement reprochés à Lavater, et desquels il n'était pas entièrement exempt, mais que ses ennemis ont trop exagérés et même calomniés. Cette vanité, qu'ils ont maltraitée si cruellement, était pourtant si douce, qu'elle ne pouvait guère blesser qu'eux, qui étaient jaloux de n'être pas fêtés comme lui : elle était dépouillée d'orgueil, de prétentions et de vanterie, fondée sur le sentiment involontaire et assez juste des mérites de son cœur, et sur la jouissance séduisante de l'affection, qu'on lui témoignait; il s'abandonnait à la complaisance de se laisser caresser, admirer et traiter avec confiance par l'amitié. S'il courait quelquefois après la considération, qui donne du crédit, s'il cultivait soigneusement ses liaisons avec les grands, c'était pour rendre service aux petits.

Ce n'étaient pas les honneurs qu'on lui rendait, qui le flattaient, mais l'amour qu'on lui témoignait : ce n'étaient pas les princes qu'il recherchait, mais les moyens d'étendre ses charités !

Une telle vanité n'est-elle pas bien pardonnable ? on pourrait presque s'en vanter.

Lavater avait trop d'esprit pour se contenter de ce que nous savons, trop d'imagination pour résister aux charmes des possibilités, et trop de foi religieuse pour ne pas croire facilement tout ce qu'il trouvait dans les traditions chrétiennes, et qui avait quelque rapport avec ses idées favorites. Voilà la source et l'excuse de son penchant pour le merveilleux, si naturel à tous les hommes qui pensent.

Agité par un zèle sans bornes pour secourir l'humanité, il regrettait particulièrement ce don précieux, communiqué aux apôtres et à leurs disciples, de guérir les malades par l'imposition des mains.

Il ne trouvait rien de ridicule ni d'impossible

dans les guérisons du P. Gassner, et je serais tenté de croire, que dans un des recoins de son cœur se tenait caché un certain regret, que la réformation ait coupé ce fil mystique du pouvoir spirituel attribué à l'ordination des prêtres. Ce doute secret, son penchant pour les miracles, et sa croyance à la doctrine mystérieuse de la première Église, l'empêchaient de s'éloigner des catholiques autant que ses confrères; et son amitié intime contractée avec le Dr. Sailer[1], ex-jésuite, qui lui ressemblait par ses lumières et ses vertus, ont produit une accusation contre lui, aussi absurde que mémorable dans l'histoire des tracasseries littéraires.

Des gens malveillants et impudents, qui se vantaient de savoir flairer la piste des jésuites, l'ont déclaré affilié caché des jésuites, tandis qu'on taxait Sailer d'être protestant en secret, parce qu'il était si lié avec Lavater. Une des idées bizarres et favorites de ce dernier était, que saint Jean l'Évangéliste n'était point mort, qu'il se promenait encore sur la terre, et qu'il pourrait peut-être avoir l'honneur de sa visite.

Il fondait son opinion sur les paroles de Jésus-Christ, répondant à saint Pierre, jaloux de

1. Mort évêque de Ratisbonne.

voir que Jean était excepté de la mission apostolique : « Si je veux qu'il reste jusqu'à ce que je reviendrai, que t'importe ! » et sur l'induction, que les disciples de Jésus Christ même ont tirée de ses paroles, que saint Jean ne mourrait point. Effectivement saint Jean ne se trouve point dans le martyrologe.

Lavater, comptant sur les promesses extraordinaires faites à la perfection de la foi, et flatté par la pureté de ses intentions et de sa conscience, espérait que Dieu pourrait lui faire une grâce particulière dans un siècle où il avait si peu de concurrents dignes d'y prétendre. Je m'étonne qu'aucun de ses ennemis n'ait touché cette corde sensible de Lavater, pour se moquer de lui, en lui envoyant un saint Jean supposé, assez adroit pour le mystifier. Malgré tant d'amour pour les choses merveilleuses, l'esprit de Lavater était plus en garde contre son imagination que contre les moqueries de ses adversaires.

J'en ai eu la preuve dans sa réponse à la lettre du comte de Bernstorff; qui l'appelait à Copenhague. L'autorité bien grave du témoignage de l'homme plein de génie, de lumières et de vertu qui lui écrivait, ne l'a point empêché de rejeter de prime abord l'appât des choses extraordinaires, qu'on offrait à sa curiosité et à son jugement.

Le philosophe le plus dépouillé de préjugés, n'aurait pas désavoué les doutes et les réflexions pleines de sagesse avec lesquelles il combattait les dangers de la crédulité. Mais il est pourtant revenu assez convaincu de la vérité de ce qu'on lui avait dit à Copenhague, quoiqu'on ne l'ait pas admis à éprouver lui-même la valeur de ces mystères.

Ils consistaient en certaines révélations obscures et énigmatiques, que les initiés recevaient pendant leurs prières, et dont les solutions étaient données en songe aux personnes avec lesquelles ils étaient en rapport intime sur ces objets. Cette communication de lumières s'opérait de préférence entre maris et femmes, et comme c'étaient ces dernières qui donnaient les explications, le tout m'a paru une intrigue, à l'aide de laquelle les femmes ou leur directeur en chef, gouvernaient les maris.

On a assuré Lavater, que, dans des circonstances très-importantes, on avait reçu par ces moyens miraculeux des prédictions, des éclaircissements et des conseils admirables, et on en avait accordé à lui-même d'assez curieux et d'assez flatteurs, pour exciter son attente et obtenir provisoirement sa confiance.

Il n'a point voulu me dire en quoi ces éclaircissements consistaient, mais il m'a affirmé en avoir reçu de très-vrais sur le passé et de très-étonnants sur l'avenir ; tout ce qu'il m'a confié avoir appris d'eux, c'est que son âme avait joué jadis plusieurs rôles considérables; qu'il avait été le roi Josias dans le Vieux Testament; dans le Nouveau, Joseph d'Arimathie; et Zwingli, en dernier lieu; car ces messieurs croyaient à la métempsycose, et je suis fâché de n'avoir pas noté la liste fort plaisante des âmes voyageuses de plusieurs grands personnages. Je me rappelle seulement que Frédéric II a été saint Luc.

Toutefois, je dois rendre la justice à Lavater que sa conviction de la réalité des mystères, qui se célébraient en Danemark, a été achevée et déterminée par l'accomplissement fortuit de quelques prédictions, qui lui ont été faites, et surtout par des confirmations assez singulières de plusieurs points de cette doctrine mystérieuse, lesquelles lui ont été données par la bouche d'un somnambule.

C'était un jeune garçon de neuf à dix ans, nommé Hermann, qui se trouvait dans un village près de Zurich, et qui, tombé dans un somnambulisme naturel, n'avait qu'un cri après Lavater, qu'il n'avait jamais vu. Étant allé le trouver, cet enfant non-seulement l'a d'abord reconnu, mais lui a répété un grand nombre de toutes les choses qu'il avait entendues à Copenhague, ce qui, à moins d'admettre la réalité du merveilleux, ne peut s'expliquer que par la supposition, que l'indiscrétion de Lavater et de ses confidents a donné à de mauvais plaisants l'idée de se moquer de lui par le moyen de cet enfant, qu'ils avaient sans doute endoctriné. Mais ce que je n'entreprendrai point d'expliquer, c'est ce qu'il a écrit à une dame de ses amies intimes, avant qu'on ait pu prévoir les désastres de la Suisse. Voici ce que dit cette lettre : « J'ai appris par la bouche de notre Seigneur même, que je mourrai martyr, après avoir souffert de grandes peines et vu des choses que tant de personnes désirent de voir, et qu'elles verront pour leur malheur. Puisse ma mort attester la certitude, que le Seigneur daigne parler encore aux mortels! »

XIV

SAINT-MARTIN.

ARTINEZ Pasqualis a été le fondateur de l'ordre mystique des Martinistes, nommés ainsi à cause de la considération, que Saint-Martin, l'un des sept maîtres, que leur chef avait désignés pour propager sa doctrine après lui, avait obtenue au-dessus de ses collègues par son mérite personnel et par son livre fameux *des Erreurs et de la Vérité*.

Pasqualis était originairement Espagnol, peut-être de race juive, puisque ses disciples ont hérité de lui un grand nombre de manuscrits judaïques. Sa science était beaucoup moins théorique que celle de ses apôtres ; il pratiquait tout franchement la magie, tandis qu'eux s'en cachaient et la défendaient soigneusement. J'ai été fort lié avec un certain La Chevalerie qui avait été son aide de camp favori, lequel m'a montré quelques tapis de leurs opérations magiques, et raconté plusieurs faits merveilleux, s'ils étaient vrais. Je n'en citerai qu'un. Les travaux magiques de ces messieurs ont pour objet surtout de combattre les démons et leurs satellites, sans cesse occupés à répandre des maux physiques et spirituels sur toute la nature par leur magie noire. Les combats se font particulièrement aux solstices et aux équinoxes de part et d'autre. Ils travaillent sur des tapis crayonnés, sur lesquels ils établissent leurs citadelles, qui consistent en un grand cercle au milieu pour le grand maître, et deux ou trois plus petits pour ses assistants. Le chef, quoique absent, voit toutes les opérations de ses disciples, quand ils travaillent seuls, et les soutient.

Un jour, me dit La Chevalerie, que je n'étais pas parfaitement pur, je combattais tout seul dans mon petit cercle, et je sentais que la force supérieure d'un de mes adversaires m'accablait, et que j'allais être terrassé. Un froid glacial, qui montait de mes pieds vers le cœur, m'étouffait, et prêt à être anéanti, je m'élançai dans le grand cercle poussé par une détermination obscure et irrésistible. Il me sembla en y entrant, que je me plongeais dans un bain chaud délicieux, qui remit mes esprits, et répara mes forces dans l'instant. J'en sortis victorieux, et par une lettre de Pasqualis, j'appris qu'il m'avait vu dans ma défaillance, et que c'était lui qui m'avait inspiré la pensée de me jeter daus le grand cercle de la puissance suprême.

Voilà ce que La Chevalerie m'a raconté, pénétré de la conviction la plus intime. Il se trompait peut-être, mais son intention n'était certainement pas de me tromper. Loin de vouloir faire de moi un prosélyte, il faisait son possible pour me détourner de cette doctrine qui, disait-il, l'avait rendu fort malheureux. On l'avait excommunié à tout jamais, pour un péché sans rémission, et il ne cessait de médire de Pasqualis et de ses successeurs. Il dépeignait le premier comme un homme plein de vices et de vertus, qui se permettait tout, malgré sa sévérité pour les autres, qui prenait de l'argent de ses disciples, les escroquait au jeu, et donnait ensuite leur argent au premier venu, quelquefois à un passant qu'il ne connaissait pas; il disait à ceux qui lui en témoignaient leur étonnement : « J'agis comme la providence, ne m'en demandez pas davantage. »

Passons au héros du présent article, à M. de Saint-Martin. Jeune, aimable, d'une belle figure, doux, modeste, simple, complaisant, se mettant au niveau de tout le monde, et ne parlant jamais des sciences, encore moins de la sienne, il ne ressemblait nullement à un philosophe, plutôt à un petit saint; car sa dévotion, son extrême réserve et la pureté de ses mœurs paraissaient quelquefois extraordinaires dans un homme de son âge. Il était fort instruit, quoique dans son livre il ait parlé de plusieurs sciences d'une manière fort baroque. Il s'énonçait avec beaucoup de clarté et d'éloquence, et sa conversation était fort agréable, excepté quand il parlait de son affaire, alors il devenait pédant, mystérieux, bavard ou taciturne; crainte d'avoir trop dit, il niait le lendemain ce dont il était convenu la veille.

Il avait des réticences insupportables, s'arrêtant tout court au moment où l'on espérait tirer de lui un de ses secrets; car il croyait à une voix intérieure qui lui défendait ou lui permettait de parler. Son grand principe était que, dans la route spirituelle, on ne devait point troubler la marche de l'homme, qu'il suffisait de le préparer à deviner les secrets qu'il était destiné à savoir. Aussi, se donnait-il plus de peine pour éloigner ses disciples de sa science que pour les y appeler, se croyant responsable des abus qu'ils pourraient en faire. Son père, qui était maire d'Amboise, l'avait mis dans le service militaire, où, par sa bonne conduite, ou par le crédit de M. de Choiseul, seigneur d'Amboise, il s'était avancé, en très-peu de temps, au grade de capitaine; mais, entraîné par la doctrine de Pasqualis et une vocation, qui lui semblait irrésistible, il quitta brusquement le service, malgré les exhortations de ses parents, de ses amis et de son protecteur, se brouilla avec son père, et se voua aux œuvres de sa science mystique et à la pauvreté. Il s'était proposé de ne rien demander à son père, et réduit au pain et à l'eau, c'est en se chauffant au feu d'une cuisine de gargote, qu'il a composé son traité *des Erreurs et de la Vérité*.

Le débit de ce livre, le premier et le meilleur qu'il a écrit, l'a aidé à subsister, jusqu'à ce que madame de la Croix, qui courait une carrière approchante de la sienne, l'ait recueilli chez elle. Mais bientôt ils se brouillèrent, voulant s'endoctriner l'un l'autre, et Saint-Martin, ayant hérité d'une tante cinquante louis de rente, se trouva fort riche, et publia quelques nouveaux ouvrages, qui augmentèrent son aisance : c'est alors qu'il ouvrit une petite école, et que je devins son disciple.

Tout ce qu'il m'a appris est si peu important, et je l'ai si parfaitement oublié, que je ne crains pas d'être indiscret, en parlant de sa doctrine. Le peu que j'en dirai m'appartient ; je le dois à l'application avec laquelle je n'ai cessé de relire son livre, à l'attention avec laquelle j'ai saisi chaque mot échappé à mon harpocrate, et peut-être à mon talent pour la devination de tous les livres, qui traitent de sciences occultes.

Celui *des Erreurs et de la Vérité* est le seul dont le style soit agréable et qu'on puisse lire sans dégoût. Les trois quarts de cet ouvrage sont intelligibles ; et les pages qu'on ne comprend pas, présentent des objets si neufs et si bizarres, qu'ils amusent l'attention et piquent la curiosité.

Bien des gens ont cru que cet ouvrage n'avait été composé que pour ramener le monde à des idées religieuses par l'appât du merveilleux. Il est certain qu'il a produit cet effet sur plusieurs personnes de ma connaissance et sur moi-même; mais j'ai lieu d'assurer que c'est une introduction très-savante et très-détaillée à la science de la magie, et qu'il renferme beaucoup de choses, dont l'auteur s'abstenait de parler dans ses leçons.

La science des nombres, qu'il a représentée sous l'emblème d'un livre à dix feuilles, était de toutes ses connaissances celle à laquelle il attachait le plus haut prix. Il disait l'avoir volée à son maître, et qu'il ne la communiquerait jamais à personne. C'est grand dommage, car c'est sous ce voile mystérieux qu'il a enveloppé les plus rares secrets de son ouvrage.

Tout ce qu'il avouait était, que les nombres donnaient la clef de l'essence de toutes les choses matérielles, pourvu qu'on en connût les véritables noms dans la langue primitive ; que par les nombres on éprouvait les esprits, de même que par *les paroles de puissance*, pour s'assurer si les uns et les autres étaient bons ou mauvais ; et que tout cela s'obtenait par l'analyse cabalistique de ces noms et de ces paroles, dont les lettres hébraïques produisaient les dix nombres, qui manifestaient des vérités si importantes.

Il ajoutait, que l'alphabet hébreux n'était juste que jusqu'à la dixième lettre inclusivement, que le reste avait été brouillé, mais qu'il en connaissait l'ordre véritable. Voilà déjà une confession assez claire que ces messieurs s'occupaient de magie.

Un autre aveu, que je lui ai arraché, est la description des figures hiéroglyphiques écrites en traits de feu, qui lui apparaissaient dans ses travaux, et dont il lui était ordonné de conserver les dessins, qu'il m'a montrés. Ces figures ne sont autre chose que ce qu'on appelle les sceaux des esprits, qu'on voit sur les talismans, sur les pentacles, et autour des cercles magiques.

Mais ce n'est qu'en tremblant que Saint-Martin parlait de toutes ces choses-là. Il assurait que la magie avait occasionné la chute des esprits et celle de l'homme ; que la seule pensée, analogue à ces crimes, pouvait nous perdre pour toujours; que sa conscience était chargée de l'âme de ses disciples, et que, par toutes ces raisons, il se trouvait obligé à toutes les précautions que prescrivait sa doctrine pour les mener au bien à petits pas, et pour éloigner de cette route ceux que la providence n'a point destinés au grand œuvre des élus, choisis par elle pour combattre le mal sur la terre.

Au reste, je conseille à tous ceux qui veulent étudier le livre *des Erreurs et de la Vérité*, de lire préalablement l'histoire du Manichéisme de Beausobre, qui leur ouvrira l'intelligence sur les matières fondamentales du livre de Saint-Martin, et où ils trouveront de grands rapports avec sa doctrine.

J'ai connu deux collègues de M. de Saint-Martin, moins difficiles que lui, mais qui ne le valaient pas : l'un se nommait Hauterive, qui tenait boutique de la science à tous venants, et dont mon maître était fort mécontent ; l'autre Villermoze : il avait fondé son cercle à Lyon; il avait moins de savoir que Saint-Martin, mais beaucoup plus d'onction, d'aménité et de franchise, au moins apparente. Il parlait au cœur beaucoup plus qu'à l'esprit ; il était estimé de tout le monde pour ses qualités, et adoré de ses disciples, à cause de ses manières cordiales, amicales et séduisantes. Il a joué un rôle distingué dans la maçonnerie, et a fini par s'adonner entièrement au magnétisme spirituel. Il a péri dans les massacres de Lyon, et Saint-Martin est mort tranquillement pendant la révolution, qui avait un peu dérangé la fréquentation de son école.

Pour se faire une idée complète de la doctrine de Saint-Martin qui, de toutes les doctrines mystiques est la plus merveilleuse, la plus intéressante et la plus attachante, il faut lire les ouvrages suivants :

Des Erreurs et de la Vérité,
Des rapports entre Dieu, l'homme et la nature,
Ecce homo,
De l'Esprit des choses,
L'homme de désir,
Le crocodile,
Le nouvel homme,
Lettre à un ami sur la révolution française,
Éclair sur l'association humaine,
OEuvres posthumes,
Le ministère de l'homme esprit,

Différentes traductions de Jacob Bœhme et un ouvrage allemand qui a pour titre : *Magicon.*

Je crois faire plaisir à mes lecteurs en terminant cet article par une notice biographique de Saint-Martin, écrite par lui-même:

« J'ai été gai, mais la gaieté n'a été qu'une nuance secondaire de mon caractère; ma couleur réelle a été la douleur et la tristesse, *à cause de l'énormité du mal* (Bœhme 3, 18) et de mon profond désir pour la renaissance de l'homme.

« On ne m'a donné de corps qu'un projet. J'ai été moins l'ami de Dieu, que l'ennemi de ses ennemis, et c'est ce mouvement d'indignation contre les ennemis de Dieu, qui m'a fait faire mon premier ouvrage.

« La nature de mon âme a été d'être extrêmement sensible, et peut-être plus susceptible de l'amitié que de l'amour; cependant cet amour même ne m'a pas été étranger, mais je n'ai pu m'y livrer librement, comme les autres hommes, parce que je n'ai été que trop attiré par de grands objets, et que je n'aurais pu jouir réellement de la douceur de ce sentiment, qu'autant que le sublime appétit, qui m'a toujours dévoré, aurait eu la permission de se satisfaire; or c'est une permission que des *maîtres sacrés* m'ont toujours refusée.

« Enfin, je n'aurais voulu me livrer au sensible, qu'autant que mon spirituel n'aurait pas paru crime et folie.

« Oh, si ce spirituel eût été à son aise, quel

cœur j'aurais eu à donner! J'ai changé sept fois de peau étant en nourrice ; à l'âge de dix-huit ans, il m'est arrivé de dire au milieu des confessions politiques, que les livres m'offraient: Il y a un Dieu, j'ai une âme, il ne me faut rien de plus pour être sage, et c'est sur cette base qu'a été élevé ensuite tout mon édifice. »

(Il disait en entrant dans sa carrière : ou j'aurai la chose en grand, ou je ne l'aurai pas).

« Depuis que l'inexprimable miséricorde divine a permis que l'aurore des régions vraies se découvrît pour moi, je n'ai pu regarder les livres, que comme des objets de lamentations, car ils ne sont que des preuves de notre ignorance et une sorte de défense faite à la vérité, tant elle s'élève au-dessus d'eux. Les livres morts nous empêchent aussi de connaître le livre de vie, et voilà pourquoi ils font tant de mal au monde, et nous reculent tout en paraissant nous avancer.

« Bœhme, cher Bœhme, tu es le seul que j'excepte, car tu es le seul qui nous mène réellement au livre de la vie. Encore faut-il bien qu'on puisse y entrer sans toi. Les livres que j'ai faits n'ont pour but, que d'engager les lecteurs à laisser là tous les livres, sans en excepter les miens.

« Dans l'initiation que j'ai reçue et à laquelle j'ai dû dans la suite toutes les bénédictions, dont j'ai été comblé, il m'arriva de laisser tomber mon *Bouclier* par terre, ce qui fit de la peine au maître; cela m'en fit aussi à moi, en ce que cela ne m'annonçait pas pour l'avenir beaucoup de succès.

« J'ai reconnu, que c'était une chose honorable pour un homme, que d'être, pendant son passage ici-bas, un peu balayeur de la terre. De tous les états de la vie temporelle, les deux seuls que j'aurais aimé à exercer, eussent été celui d'évêque et celui de médecin, parce que, soit pour l'âme, soit pour le corps, ce sont les seuls où l'on puisse faire le bien pur et sans nuire à personne, ce qui n'est pas possible dans l'ordre militaire, dans l'ordre judiciaire, dans l'ordre des traitants; et je n'aurais pas aimé à n'être que curé, non par orgueil, mais parce qu'un curé n'est pas aussi libre dans son instruction, que peut l'être un évêque. Le duc de Choiseul a été, sans le savoir, l'instrument de mon bonheur, lorsque, voulant entrer au service, non par goût, mais pour cacher à une personne chère mes inclinations studieuses, il me plaça dans le seul régiment où je pouvais trouver le trésor qui m'était destiné. L'espérance de la mort fait la consolation de mes jours: aussi voudrais-je qu'on ne dise jamais : l'autre vie, car il n'y en a qu'une.

« La ville de Strasbourg est la seconde après Bordeaux, à qui j'ai des obligations inappréciables, parce que c'est là où j'ai fait connaissance avec des vérités précieuses dont Bordeaux m'avait déjà procuré les germes. Et les vérités précieuses, c'est par l'organe de mon amie intime qu'elles me sont parvenues, puisqu'elle m'a fait connaître mon cher Bœhme. Mon premier séjour à Lyon en 1773, 1774, 1775, ne m'a pas été beaucoup plus réellement profitable, que celui de 1785. J'y éprouvai un repoussement très-marqué dans l'ordre spirituel. Mon père n'ayant pas pu éteindre dans moi le goût que j'avais pour les objets profonds, essaya vers ma trentième année de me donner des scrupules sur les recherches dans les vérités religieuses, qui doivent être toutes de foi. Il m'engagea à lire un sermon du P. Bourdaloue, dans lequel le prédicateur prouvait qu'il ne fallait pas raisonner; je lus le sermon, et puis je répondis à mon père : « C'est en raisonnant que le P. Bourdaloue a voulu prouver qu'il ne fallait pas raisonner. »

« Mon père garda le silence; il n'est pas revenu depuis à la charge. C'est à Lyon, que j'ai écrit le livre intitulé : *Des Erreurs et de la Vérité;* je l'ai écrit par désœuvrement et par colère contre les philosophes. J'écrivis d'abord une trentaine de pages, que je montrai au cercle, que j'instruisais chez M. de Villermas, et l'on m'engagea à continuer.

« Il a été composé vers la fin de 1773 et le commencement de 1774, en quatre mois de temps, et auprès du feu de la cuisine, n'ayant pas de chambre où je pusse me chauffer.

« Un jour même, le pot de la soupe se renversa sur mon pied, et le brûla assez fortement. C'est à Paris, en partie chez madame de la Croix, que j'ai écrit le *Tableau naturel*, à l'instigation de quelques amis.

« C'est à Londres et à Strasbourg, que j'ai écrit l'*Homme de désir*, à l'instigation de Tieman. C'est à Paris que j'ai écrit l'*Ecce homo*, d'après une notion vive que j'avais eue à Strasbourg. C'est à Strasbourg que j'ai écrit le *Nouvel homme*, à l'instigation d'un gentilhomme suédois.

« En 1768, étant en garnison à Lorient, j'eus un songe qui me frappa. J'étais dans les premières années de mes grands objets, et c'est à Lorient même que j'en avais eu les premières preuves personnelles, en lisant un livre de mathématiques. La nuit, je vis un gros animal renversé par terre du haut des airs par un grand coup de fouet ; je vis ensuite un autel, que je pris pour être chrétien, et sur lequel je vis quantité de personnes passer et repasser avec précipitation et comme voulant le fouler aux pieds. Je me réveillai avec beaucoup d'affliction, de ce que je venais de voir. C'était l'annonce du renversement de l'Église.

« Mes ouvrages et particulièrement les derniers ont été le fruit de mon tendre attachement pour l'homme, mais en même temps du peu de connaissance, que j'avais de sa manière d'être, et du peu d'impression que lui font ces vérités dans cet état de ténèbres et d'insouciance, dans lequel il se laisse croupir. Ce ne sont pas mes propres ouvrages qui me font le plus gémir sur cette insouciance, ce sont ceux d'un homme, dont je ne suis pas digne de dénouer les cordons de ses souliers, mon chérissime Bœhme.

« Il faut que l'homme soit devenu entièrement sot ou démon pour n'avoir pas profité plus qu'il ne l'a fait de ce trésor envoyé au monde il y a cent quatre-vingts ans. Les apôtres, qui n'en savaient pas tant que lui, ont infiniment plus que lui avancé l'œuvre.

« C'est que pour les hommes encroûtés, comme ils le sont, les faits sont plus efficaces que les livres. »

XV

MADAME DE LA CROIX.

Madame de Jarente, fille du marquis de Sénas et nièce de cet évêque d'Orléans, qui avait la feuille des bénéfices sous le règne de madame de Pompadour et de M. de Choiseul, avait épousé fort jeune le marquis de la Croix, officier général au service d'Espagne, que j'ai connu généralement estimé à Madrid. Son mari l'avait laissée, je ne sais pas pourquoi, à Avignon, où, n'ayant rien de mieux à faire, elle s'est donnée la peine de gouverner le comtat, durant la vice-légation de Mgr Acquaviva, qui était fort paresseux et éperdument amoureux d'elle. Comme elle aimait à gouverner, elle rejoignit son mari, lorsqu'il fut nommé vice-roi en Galice. Après sa mort, elle quitta l'Espagne maltraitée et fort pauvre, vint à Lyon, y tomba dangereusement malade, eut des visions pendant sa maladie, et passa de l'incrédulité la mieux conditionnée à une crédulité sans bornes.

Parmi les livres mystiques qu'elle lisait alors, celui *des Erreurs et de la Vérité* l'avait charmée davantage, et c'est à lui qu'elle attribuait principalement sa conversion. Aussi rechercha-t-elle l'auteur, dès qu'elle fut arrivée à Paris, le recueillit chez elle, et se composa, toujours disputant avec lui, un petit système théosophique particulier, qui n'avait pas le sens commun.

Je n'en citerai qu'un exemple : elle appliquait le fameux *quaternaire* du livre de Saint-Martin à la divinité, en qui elle prétendait qu'il y avait quatre personnes engendrées successivement: le fils du père, le Saint-Esprit du fils, et Melchisédec du Saint-Esprit.

Mais madame de la Croix était bien plus forte pour la pratique que pour la théorie. Son affaire principale était de combattre le diable et de guérir les maladies. Elle croyait comme le P. Gassner, dont elle faisait grand cas, que le diable était cause de presque toutes les maladies, lesquelles avaient toujours leur source dans quelque péché, qui avait soumis la partie malade aux influences du démon. Elle opérait par des prières et par l'imposition de ses mains arrosées d'eau bénite et de saint chrême; mais quand elle rencontrait un possédé, et elle en nourrissait toujours quelques uns à la brochette, c'était alors qu'elle se croyait à sa véritable place; exorcisant et chassant ce diable du corps de ce pauvre malheureux, qui pour avoir fait un pacte avec lui, serait perdu à jamais, sans la puissance qu'elle avait reçue de Dieu de le délivrer. Ces cures de possédés étaient les plus difficiles, car pour les obsédés, lesquels par des pratiques de fausse magie n'avaient le diable que sur eux ou autour d'eux, il lui en coûtait beaucoup moins de peine de les en débarrasser, elle avait même le pouvoir de le montrer à la compagnie avant qu'il s'en allât, sous une forme qui n'effrayait personne. Je me souviendrai toujours d'une description charmante qu'elle m'a faite de l'apparition d'un de ces diablotins, dont elle avait délivré un certain consul de France à Salé, homme de lettres, que j'avais rencontré souvent chez les encyclopédistes. « Quand le mauvais esprit, me dit-elle, fut sorti de son corps, je lui ordonnai de nous apparaître sous la forme d'une petite pagode chinoise. Il nous fit la galanterie de prendre une figure vraiment délicieuse; il était habillé en couleurs de feu et or, son visage était très-joli, il remuait des petites mains avec beaucoup de grâce, et fut se sauver sous ce rideau de taffetas vert que vous voyez là, dont il s'enveloppa, et d'où il fit toutes sortes de grimaces à son ancien hôte; mais ce dernier, ayant sans doute commis de nouvelles fautes, resta obsédé ; car, rentrant un soir au logis, il trouva la petite pagode sur son bureau, et je fus obligée de me transporter chez lui pour la chasser de sa chambre. » Nous avions été fort étonnés, M. le consul et moi, de nous rencontrer ensemble chez madame de la Croix, mais je le fus bien plus que lui, lorsqu'elle l'obligea à convenir en ma présence de la vérité de ce récit, et, par bien des raisons, j'ai lieu de croire qu'ils ne pouvaient pas être d'accord.

J'ai vu chez elle plusieurs personnages, qui se faisaient traiter de l'incarnation diabolique et qui m'ont surpris bien plus que le consul ; entre autres, le maréchal de Richelieu, le chevalier de Monbarrey, le marquis, la marquise et le chevalier de Cossé. Madame de la Croix prétendait que bien du monde, et même des personnes de ma connaissance étaient obsédées, et avaient des apparitions, mais qu'elles n'osaient pas en parler de peur de se donner un ridicule. Elle me citait nommément le comte de Schomberg, qui occupait une place distinguée parmi les philosophes mécréants, et que je voyais beaucoup chez le baron d'Holbach. Cette dernière assertion me paraissait une absurdité vraiment choquante ; mais, l'année d'après, me trouvant chez madame Necker, cette dame produisit une lettre de M. de Buf-

10

fon, qui lui écrivait de Bourgogne et lui parlait de certaines visions, qui régnaient dans cette province, et que c'étaient toujours de vieilles femmes qui apparaissaient. Quelques gens de lettres qui n'aimaient pas M. de Buffon, parce qu'il était trop religieux, faisant quelques mauvaises plaisanteries sur son penchant à croire des choses incroyables, voici ce que M. de Schomberg nous dit à mon grand étonnement : « Vous me connaissez assez, messieurs, pour être persuadés que je ne crois pas aux revenants, cela n'empêche pas, que je ne voie et que je n'aie vu depuis longtemps, et presque chaque semaine, la figure de trois vieilles femmes, qui s'élèvent du pied de mon lit, et qui, se recourbant contre moi, me font des grimaces épouvantables. »

Ceci me rappelle un de mes amis, M. Tieman, qui voyait presqu'à chaque place qu'il regardait fixement, pendant quelques minutes, une tête, dont les yeux et les traits étaient si animés, qu'elle lui paraissait vivante. Sur la tache de sang, qu'on montre dans la chambre du château d'Édimbourg, où David Rizzio fut poignardé, il dit avoir vu une tête, qui exprimait les convulsions de la mort d'une manière effrayante; il retourna à différentes reprises à la même place et il revit toujours cette tête plus horrible qu'auparavant. M. Tieman, quoique entiché de la passion des sciences occultes, était un homme très-véridique, incapable de tromper qui que ce soit, et toujours en garde de se tromper lui-même. Quoi qu'il en soit, j'ai lieu de croire, qu'il voyait réellement ce qu'il disait voir. Eh! qui n'a pas rencontré bien des honnêtes gens, qui assuraient avoir eu des apparitions avec des circonstances et des protestations si persuasives, qu'on devait être fâché de les révoquer en doute? Mais ne pourrait-on pas, pour se mettre le cœur et l'esprit en repos, admettre qu'une conformation particulière de l'œil, ou une concrétion compacte, qui se serait formée dans le cristallin ou dans l'humeur vitrée, pourraient produire la représentation d'un spectre? Cette concrétion opaque, qui aurait pris une forme déterminée, analogue à celle d'une figure humaine et interceptant les rayons de la lumière, me paraît surtout propre à produire ces sortes d'illusions. Ce spectre serait sans doute noir et mal dessiné, mais l'imagination, ce peintre rapide et habile, colorerait et achèverait bien vite l'ébauche d'une telle grisaille.

Madame de la Croix a été dans sa jeunesse ce qu'on nomme une beauté romaine, mais si parfaite comme on n'en a jamais vu une pareille. Elle avait une figure pleine de grâces et de caractère, l'œil perçant, le nez aquilin, la tête altière, un port superbe, une démarche majestueuse, en un mot c'était l'idéal d'une belle impératrice. De tant de charmes, il ne lui restait dans sa vieillesse qu'une physionomie spirituelle et animée, une taille bien faite, un beau pied, un air impérieux, et beaucoup d'éloquence. Ces restes imposants et distingués convenaient merveilleusement au rôle qu'elle jouait, quand elle parlait au diable; son geste menaçant et l'accent de sa voix faisaient trembler, et il y avait tant de noblesse dans son maintien, tant d'élévation dans sa dévotion exaltée, et une expression si sublime de foi et d'assurance dans toute sa personne, qu'on croyait voir une sainte qui allait faire un miracle. Mais malheureusement je n'en ai vu aucun, quoique j'aie passé bien des journées chez elle, à attendre que le diable sortît du corps d'un possédé. Cependant j'ai été témoin de plusieurs guérisons de maux de tête et de dents, de coliques et de douleurs rhumatiques, opérées sur des personnes qui venaient chez elle en visite et qu'elle connaissait même très-peu. Je pense que ces sortes de guérisons peuvent s'expliquer assez naturellement par l'action du magnétisme animal secondé par l'imagination, cette fée puissante qui commande au génie et préside aux ressorts de notre organisme. Toutefois, si l'on considère combien l'amour-propre doit être flatté de l'honneur d'être un instrument de la divinité, on peut pardonner à madame de la Croix et compagnie de ne pas croire à des causes naturelles, quand il s'agit de miracles.

Madame de la Croix racontait avec une naïveté, une grâce et un art pittoresque, qui lui étaient propres, les particularités des visites qu'elle recevait des mauvais esprits, quand elle était seule. On voyait tout ce qu'elle disait, tant ses descriptions étaient vives et naturelles. Toutes les fois que je venais chez elle, je trouvais des nouvelles de sa société. Tantôt c'étaient des niches fort drôles qu'on lui avait jouées, et tantôt des persécutions effrayantes qu'elle avait essuyées. Souvent des processions entières de pénitents en grandes robes couleur de rose, ou de capucins fort puants, vêtus en bleu céleste, ou d'autres personnages ecclésiastiques ridiculement fagotés arrivaient chez elle de nuit et traversaient son lit, les capucins lui offraient des baisers et les pénitents flagellaient ses couvertures. Quelquefois on lui donnait un bal, où elle voyait les ajustements les plus curieux et les modes de tous les siècles ; une autre fois, c'étaient un feu d'artifice magnifique, des pyramides de diamants et de bijouteries, des illuminations superbes ou des palais enchantés qu'on lui montrait. Elle dépeignait tout cela si vivement, avec tant de goût, de gaieté et d'éloquence, que ses récits valaient mieux que la plupart des descriptions d'une fête, ou de l'assemblée la plus brillante.

Je ris encore toutes les fois que je pense à une dispute théologique, qu'elle eut avec un de ses esprits familiers, masqué en docteur de Sorbonne, qui la traitait d'hérétique, en soutenant les opinions de l'Église romaine de la manière la plus orthodoxe : « Mais, lorsqu'il finit par y mêler des blasphèmes, je lui fermai la bouche avec un cadenas, me dit-elle, qu'il portera jusqu'au jour du jugement. — Et où avez-vous pris ce cadenas? » lui répliquai-je. « Ah ! mon cher baron, que vous êtes peu instruit de la différence entre la réalité spirituelle et la matérielle ; c'est un cadenas bien véritable que je lui ai appliqué : les nôtres n'en ont que la figure. »

Je ne m'ennuyais donc pas chez elle en attendant la chose principale, qui était le diable, qu'elle avait promis de montrer, d'autant plus que nous ne parlions pas toujours de ces choses-là, et que son esprit orné et fécond rendait la conversation aussi instructive qu'agréable ; mais tout le monde n'était pas aussi bénévole que moi, et l'on se permettait de la donner en spectacle, en l'engageant à faire ses conjurations dans les maisons, où on lui faisait accroire qu'il revenait des esprits. Ces facéties se faisaient même si grossièrement, qu'elle s'en apercevait; mais elle mettait ces humiliations au pied de la croix, et m'en parlait avec une grande ouverture de cœur et beaucoup de bon sens. « Vous qui m'avez connue, disait-elle, si jalouse de ma gloire et de ma supériorité, qui savez que je me prive du moindre superflu pour le donner aux pauvres, qui voyez que le métier que je fais ne me rapporte que de la honte et du mépris dans un pays où, par mon rang et ma parenté, je pourrais jouer un tout autre rôle, ne sentez-vous pas, qu'une force très-supérieure doit m'imposer l'œuvre que j'exerce? Dites-moi franchement, si mon esprit a baissé; trouvez-vous que je suis devenue folle? » Il était bien difficile de répondre à ces questions, d'autant plus que je trouvais son esprit plus brillant que jamais; mais, après lui avoir fait compliment, je ne pouvais pas me défendre de penser à part, qu'une idée fixe peut fort bien exister, sans troubler les autres, et qu'on peut être raisonnable avec un coin de folie.

Au reste madame de la Croix avait une charité si active, une piété si édifiante, une bonté d'âme si touchante, tant d'onction, de génie et de noblesse de caractère, qu'elle méritait les plus grands égards, et qu'on ne pouvait pas se défendre de l'aimer et de la respecter. Pour moi, je ne saurais penser à elle sans l'admirer et la regretter sincèrement. Je l'ai vue pour la dernière fois en 1791 à Pierry, en Champagne, chez M. Cazotte, ce charmant auteur du *Diable amoureux* qui, de maître qu'il avait été chez les Martinistes, s'était fait disciple de madame de la Croix, et qui a péri dans les massacres du mois de septembre. Je crains fort que madame de la Croix, dont je n'ai pu avoir aucune nouvelle, n'ait péri de même ; car elle avait tout ce qu'il fallait pour occuper une place parmi les martyrs, et elle travaillait de toutes ses forces contre la révolution, qu'elle regardait comme l'œuvre du diable.

Une prouesse, dont elle se vantait particulièrement, était d'avoir détruit un talisman de lapis-lazuli, que le duc d'Orléans avait reçu en Angleterre du célèbre Falk Scheck, premier rabbin des Juifs. « Ce talisman, qui devait conduire le prince au trône, me disait-elle, fut brisé, par la vertu de mes prières, sur sa poitrine dans ce moment mémorable, où il lui prit un évanouissement au milieu de l'Assemblée nationale. »

Je finirai cet article par une scène, que je ne puis ni oublier ni m'expliquer. Madame de la Croix avait un possédé qui, induit par un meunier son voisin, avait formé un pacte avec le diable sans le savoir, et qui par conséquent pouvait être délivré. Toutes les fois qu'il venait chez elle, il se jetait à genoux, et sanglotait en racontant les tourments horribles qu'il souffrait sans cesse. Elle le couchait sur un canapé, lui découvrait le ventre, y appliquait des reliques et de l'eau bénite. Alors on entendait un gargouillement affreux dans le ventre, et le patient jetait des cris effroyables; mais le diable tenait ferme, et nos espérances de le voir sortir, furent toujours trompées. Un jour, ce possédé devint furieux, sauta à bas du canapé et fit mine de se jeter sur nous. Madame de la Croix se mit entre lui et nous, et d'un air menaçant le remit à sa place; alors il grinçait des dents avec une force si extraordinaire, que les passants dans la rue auraient pu l'entendre, et proférait en écumant des blasphèmes si horribles et si nouveaux, qu'ils nous faisaient dresser les cheveux sur la tête; de là il passa aux invectives les plus atroces contre madame de la Croix, et finit par l'énumération la plus scandaleuse de tous les péchés, que cette pauvre dame pouvait avoir commis dans toute sa vie, avec des détails, dont plusieurs m'étaient connus, et encore beaucoup d'autres capables de la faire mourir de confusion. Elle écoutait tout cela les yeux tournés vers le ciel et les mains croisées sur la poitrine, et pleurant amèrement. A la jeunesse près, elle ressemblait à sainte Madeleine. Quand le patient eut terminé son discours, elle se mit à genoux et nous dit : « Messieurs, voilà un châtiment de mes péchés bien juste, que Dieu accorde à ma pénitence ; je mérite ces humiliations, que j'ai éprouvées devant vous, et je voudrais les essuyer devant tout Paris, si je pouvais expier par là toutes mes fautes. »

Qu'on réfléchisse sur tout ceci, et qu'on me dise, s'il est croyable qu'une femme, telle que je l'ai dépeinte, ait voulu violer à ce point tous les égards les plus sacrés dus à Dieu, à la pudeur et à sa réputation, pour nous tromper ? Mais peut-on être trompé et se tromper soi-même, quand il s'agit de surmonter l'horreur que doivent exciter de pareilles épreuves, et de sacrifier tout ce qu'on a de plus cher, avec une abnégation de raison et d'amour-propre si révoltante et si épouvantable ?

XVI

LES CONVULSIONNAIRES.

ONSIEUR de la Condamine, ce savant si connu par son voyage avec M. de Jussieu en Amérique, était dominé par une curiosité indomptable, qui était fort contrariée par sa surdité. Quand il voyait deux personnes qui se parlaient en particulier, non-seulement il s'approchait avec l'indiscrétion la plus déterminée, mais je l'ai vu prendre son acoustique, pour les mieux écouter. Lorsqu'il trouvait une lettre sur la table, il ne pouvait pas s'empêcher de l'ouvrir et de la lire.

Étant à Rome, M. de Choiseul lui donna une bonne leçon, et une excellente comédie à la société. Il avait surpris M. de la Condamine furetant et parcourant les papiers de l'ambassade dans le cabinet de ce ministre, chez lequel il vivait dans la plus grande intimité. M. de Choiseul, avec l'air le plus sévère et le ton le plus tragique, lui annonça, que son devoir l'obligeait à le faire arrêter, et de l'envoyer à la Bastille, vu que dans ce moment on traitait un secret d'État si important, que la possibilité de s'en être instruit, suffisait pour le faire enfermer jusqu'au développement de ce secret. Il avait beau protester qu'il n'avait rien lu, qu'il ne savait rien ; on ordonna de chercher la garde, de faire préparer une chaise de poste, et enfin on lui donna une si belle peur, que rien ne manqua au divertissement de ceux qui furent témoins de cette scène plaisante.

On accuse M. de la Condamine d'avoir fait un petit vol à Constantinople, afin de se faire donner la bastonnade sur la plante des pieds pour pouvoir juger de l'effet de cette cérémonie. Lorsque Damiens fut exécuté, la curiosité le poussa à percer non-seulement la foule et l'enceinte de la garde, mais arrivé à un cercle que tous les bourreaux des environs de Paris, attirés à cette fête si solennelle pour eux, avaient formé autour de l'échafaud, il y pénétra par la protection de M. Charlot, bourreau de Paris qui, l'ayant reconnu, s'écria : « Messieurs, faites place à M. de la Condamine, c'est un amateur. »

Les convulsionnaires étaient un objet bien digne d'attirer notre observateur curieux ; aussi se donna-t-il toutes les peines nécessaires pour être admis à leurs mystères, fort gênés alors par la police. Il promit le secret, et surtout de se conduire comme un prosélyte, qui venait s'édifier chez eux et se persuader de la vérité de leurs miracles. Mais, après avoir vu crucifier une jeune fille fort jolie, il s'approcha d'elle, après qu'elle fut détachée, et, comme il était sourd, il lui dit tout haut à l'oreille : « Mademoiselle, vous faites ici un bien vilain métier ; si c'est pour gagner de l'argent, je vous en fournirai un autre qui assurément vous donnera beaucoup plus de plaisir. » Ce propos, qui fut entendu par toute l'assemblée, causa un si grand scandale, que M. de la Condamine pensa être assommé, qu'il fut chassé honteusement, et que, malgré toutes ses sollicitations, il ne put jamais obtenir l'entrée d'aucune des maisons où ces fanatiques se rassemblaient.

Me trouvant un jour de la semaine-sainte dans une société où l'on parlait d'un spectacle fort extraordinaire qui se donnerait le vendredi-saint dans une certaine assemblée de convulsionnaires, et que l'on crucifierait une jeune personne la tête en bas, les pieds en haut, et ayant témoigné quelque envie d'y aller, une dame me donna un billet qu'elle écrivit à un avocat de ses amis fort lié avec les convulsionnaires, pour le prier de m'introduire.

La veille du vendredi-saint, je rencontrai M. de la Condamine dans une maison, où l'on s'entretenait de l'étrange cérémonie, à laquelle je devais assister le lendemain. M. de la Condamine se désolait de son exclusion, et je ne pus me défendre le plaisir de lui montrer mon billet et de me moquer de lui; mais, ayant appris de moi, que l'avocat auquel j'étais adressé ne me connaissait pas, il lui passa par la tête, qu'il pourrait facilement prendre mon nom et se mettre à ma place. Partant de cette idée, il me pria à genoux de lui céder mon billet, me promettant qu'il serait bien sage et qu'il m'en aurait une obligation éternelle. Moi, qui étais alors jeune, fort attaché à mes plaisirs, qui prévoyais que je me coucherais tard et qu'il me serait pénible de me lever à six heures du matin pour me rendre dans une saison fort rude à l'Estrapade, où logeait l'avocat, pour voir des choses qui me tentaient médiocrement, je commis l'étourderie de céder aux persécutions de M. de la Condamine, et je lui abandonnai mon billet. Il se fit annoncer sous mon nom, l'avocat le reçut à merveille, le mena dans sa bibliothèque et lui montrant les ouvrages de plusieurs savants d'Allemagne, il l'interrogea sur leur compte. Mon autre moi-même lui répondit de son mieux, disant avoir étudié le droit chez l'un, la philosophie chez l'autre, et contrefit si parfaitement le rôle d'un voyageur allemand passablement instruit, que l'avocat y fut trompé. Chemin faisant il endoctrina son étranger sur la circonspection, avec laquelle il devait se conduire et sur la crédulité pieuse, qu'il devait affecter.

Mais notre malheur commun voulut que la maison, où ils arrivèrent, était précisément celle d'où M. de la Condamine avait été chassé si ignominieusement. L'apparition du diable n'aurait pas pu produire une sensation plus horrible que celle que produisit la vue de M. de la Condamine ; tous s'élancèrent sur lui et accablèrent l'avocat des reproches les plus sanglants, de ce qu'il leur amenait leur plus cruel ennemi ; un impie qui avait profané la sainteté de leurs mystères avec les intentions les plus scandaleuses. Le pauvre avocat ne comprenait rien à tout cela et se tuait de leur dire, qu'ils se trompaient, que ce monsieur était un Allemand de distinction, qui lui était fortement recommandé. Mais, quand ils lui apprirent que c'était M. de la Condamine, qu'il avait introduit, et qu'il leur eut expliqué, comme il avait été joué, il se joignit à toute la compagnie pour mettre M. de la Condamine dehors par les épaules, en le chargeant de malédictions et d'invectives à rapporter de sa part à la dame du billet et au seigneur allemand [1].

1. On peut rapprocher ceci du procès-verbal de M. de

J'ajouterai à ceci ce que j'ai vu bien des années après chez les convulsionnaires, où je fus mené par le marquis de Nesle. Alors ils célébraient leurs mystères fort obscurément, réduits à cette extrémité, moins par la sévérité de la police, que par le ridicule qu'on avait eu l'adresse de jeter sur eux, et par la sagesse de ne les plus persécuter, mais de les traiter avec mépris. Ce fut chez un vieux conseiller au parlement, qui logeait dans le quartier de l'Isle, que le marquis de Nesle me conduisit. Il y avait là, dans une belle chambre meublée en damas cramoisi, le vieux conseiller, son neveu, avocat au parlement, une vieille parente et une blanchisseuse de dentelles, de la connaissance du marquis, laquelle devait être crucifiée. Comme on n'osait plus avoir des croix chez soi, on avait étendu une grande planche sur le parquet, pour en tenir lieu. D'abord, on nous fit examiner quatre clous de charrette; et, après avoir étendu la patiente sur la planche, l'avocat les lui enfonça à grands coups de marteau dans les mains et dans les pieds, pendant qu'on récitait des prières. Elle se plaignait tout bas et poussait de petits gémisse-

la Condamine, dans la *Correspondance littéraire, philosophique et critique* du baron Grimm, depuis 1753 jusqu'en 1789. Il paraît qu'il n'a pas jugé à propos de se vanter de ce qui lui est arrivé.

ments, contrefaisant la voix d'un enfant au maillot, qu'elle conserva tant qu'elle resta attachée sur la planche. Tout d'un coup, elle se mit à crier : « Papa Élie, où es-tu donc ? tu dis que je suis une méchante petite fille, tu as raison, mon petit papa, mais je serai plus sage, dis-moi ce que je dois faire, je me soumets à tout. » Au bout de quelques minutes elle sortit la langue. « Elle veut qu'on la lui délie », dit l'avocat. Il y mit un rasoir, et, appuyant cette langue sur un mouchoir, il y fit par trois fois des coupures en croix, qui saignèrent beaucoup. Alors cette femme se mit à prophétiser toujours avec sa petite voix d'enfant, et le conseiller à écrire les bêtises qu'elle disait. On nous montra plusieurs volumes pleins de ces sortes de prophéties, qui étaient moins intelligibles que celles de Nostradamus. J'ai oublié de dire que la patiente après les premiers coups de rasoir, avait retiré sa langue et n'en montrait plus que le bout. « Allons, ne faites donc pas l'enfant, » lui dit l'avocat. « Non, non, lui répliqua-t-elle, c'est que vous me faites trop de plaisir, » et elle présenta la langue avec la meilleure grâce possible. Après avoir prophétisé une bonne demi-heure, elle s'arrêta tout court et demanda d'être soulagée. C'était avec de grosses lardoires, dont on lui perçait les bras, et avec de grandes bûches de bois, que s'opérait ce doux soulagement. On la frappait sur la tête et sur le sein d'une manière aussi barbare que merveilleuse par le peu de mal que cela lui faisait. Ces coups auraient dû l'assommer, mais elle priait de frapper encore plus fort, et puis se remit à prophétiser de plus belle. Toute la cérémonie dura une bonne heure.

L'ayant déclouée, il n'y eut qu'un pied qui saigna, et les autres plaies paraissaient prêtes à se fermer. Elle remit ses bas et ses souliers, et, sans vouloir accepter de nous la moindre chose, nous la vîmes trotter sur le pavé, et s'en allant d'un pas si léger, comme si elle n'avait pris qu'un bain de pieds.

XVII

ALCHIMIE.

'ai connu particulièrement dans le temps de mes recherches hyper-scientifiques un nommé Duchanteau, homme assez extraordinaire pour que j'en conserve le souvenir. Il était bel homme, spirituel, aimable, éloquent, et passionné pour les sciences occultes. Après avoir longtemps étudié l'hébreu, et surtout les cabalistes, il se fit circonscrire à Amsterdam, parce qu'il s'était mis en tête qu'il fallait être juif pour obtenir d'être initié par les rabbins dans tous les mystères de la cabale. Mais celle-ci n'ayant pas suffisamment satisfait son désir de franchir les bornes de notre savoir, il s'adonna à l'étude de l'alchymie, et se créa un procédé pour produire la pierre philosophale, aussi singulier qu'ingénieux, parce qu'il s'accorde réellement avec tous les passages essentiels des livres alchymiques, et qu'il explique assez bien leurs énigmes principales. Tous s'accordent à dire, qu'on doit réunir sans cesse l'inférieur avec le supérieur, et que le feu, le vase et la matière doivent se trouver dans le même sujet.

Or, Duchanteau disait : Ce sujet mystérieux, c'est moi, et tout homme mâle, qui est bien constitué, a le pouvoir, depuis l'âge de vingt ans jusqu'à cinquante, de faire la pierre philosophale, sans avoir besoin d'autre chose que de lui-même. Qu'on me fasse entrer tout nu dans une chambre, qu'on m'y enferme ou qu'on m'y surveille, sans me donner la moindre chose à boire ni à manger, et j'en sortirai au bout de quarante jours avec la pierre philosophale !

Voilà ce qu'il a entrepris de prouver à la loge des *Amis réunis* et ce que malheureusement on n'a pas pu lui laisser achever jusqu'au bout. Mais ce qu'il nous a montré est assez curieux et presque merveilleux. Son procédé et son secret consistaient à se nourrir uniquement de son urine ; il buvait sans cesse ce qu'il rendait : Voilà la coovation du supérieur avec l'inférieur, nous disait-il, mon urine est la matière, mon corps est le vase, et ma chaleur est le feu ; c'est ainsi que ces trois choses principales se trouvent dans un seul sujet.

Duchanteau ayant été mis dans une chambre comme dans un bain, on lui donna des vêtements, et des frères se relayaient pour le surveiller et s'assurer que rien n'entrait dans son corps, ni dans la chambre, qui pût altérer la vérité de ses assertions. Dans les premiers jours il souffrait cruellement de la faim et d'une soif brûlante, mais son urine commençant à s'épurer et à s'épaissir, le martyre de ses besoins se calma peu à peu; toutes les facultés de son esprit s'exaltèrent; tous les jours il devint plus gai, plus spirituel, plus éloquent; et, ce qu'il y a de plus singulier, c'est que sa force corporelle augmenta prodigieusement. Mais tout cela était accompagné d'une fièvre qui, toujours croissante, devint enfin si forte qu'elle parut dangereuse. La crainte que cet homme ne mourût dans son opération, et des réflexions très-sérieuses de ce qui pourrait en arriver, déterminèrent le conseil de la loge à forcer Duchanteau de quitter son entreprise. Il l'avait soutenue jusqu'au vingt-sixième jour, sans avoir rien pris que son urine, laquelle s'était réduite à la valeur d'une demi-tasse; elle était d'un rouge extrêmement foncé, épaisse, gluante et d'une odeur balsamique et excellente; on l'a déposée et conservée précieusement dans nos archives, mais la révolution a détruit cette urine anoblie qui, peut-être, était une médecine admirable, et je n'ai jamais pu apprendre ce qu'elle est devenue.

Après que Duchanteau eut terminé son jeûne

de vingt-six jours, il mangea et but le même soir autant que les six convives ensemble, qui soupèrent avec lui ; et, ce qui est encore remarquable, c'est que cette intempérance ne lui fit pas le moindre mal. Au désespoir d'avoir manqué son but qu'il avait été si près d'atteindre, il voulut absolument renouveler son expérience ; mais il ne put la soutenir que jusqu'au seizième jour, où ses forces l'abandonnèrent tout à coup ; et, comme il mourut peu de temps après, il y a apparence que cette épreuve lui a coûté la vie.

Je ne puis pas m'empêcher de faire mention d'un autre procédé pour obtenir la pierre philosophale, aussi ingénieusement exposé que le précédent, mais plus extraordinaire, plus difficile et plus dangereux. Un nommé Clavières, Genévois, depuis ministre des finances durant la révolution, était possesseur du manuscrit qui contenait ce secret, et il le vendit à la loge des *Amis réunis*, dans le temps qu'il n'était qu'un pauvre petit commis au trésor royal. Voici à quoi ce procédé bizarre et horrible se réduisait : il fallait avoir un jeune homme et une jeune fille tous deux vierges, les unir par le mariage sous une constellation marquée. Il fallait que leur premier enfant fût mâle, et cet enfant devait en naissant entrer dans un récipient de verre, promptement luté contre une retorte, et ensuite mis au feu, pour calciner ce malheureux enfant, lequel, à ce que disait l'auteur du manuscrit, deviendrait le bienheureux sauveur du monde. Car, après un procédé alchymique fort étendu, par conséquent trop long à rapporter, et dont même je ne me rappelle plus, l'enfant devait se convertir en un trésor suffisant, pour enrichir et immortaliser tout le genre humain, puisque, non-seulement il serait médecine universelle et pierre philosophale, mais ses vertus se multiplieraient à l'infini, étant décuplées à chaque procédé réitéré. Tout cela était présenté sous des formes si spécieuses, et avec des explications si ingénieuses de diverses allégories de la fable, et surtout des douze travaux d'Hercule, qu'on ne pouvait pas s'empêcher d'admirer l'esprit et l'érudition de l'auteur en détestant sa folie et sa cruauté.

Un associé de Clavières, dont j'ai oublié le nom, avait porté depuis le même manuscrit à C....., et j'ai appris, à mon grand étonnement, qu'une princesse fort avide de richesses et un ministre fort peu religieux, avaient pensé sérieusement à entreprendre ce grand œuvre, qui pourtant les a épouvantés par son incertitude et le nombre de ses difficultés.

Chemin faisant dans la route du merveilleux, j'ai aussi fait des recherches en alchymie, mais je n'ai trouvé sur la transmutation des métaux rien qui méritât une place dans mes souvenirs, qu'une seule preuve de la possibilité de changer le cuivre en argent. Le comte Kolowrat, ministre de Saxe en Espagne, m'a montré deux monnaies de cuivre, qui avaient incontestablement subi cette transmutation, laquelle il m'a assuré avoir vu opérer en sa présence. Les deux monnaies étaient au coin d'Espagne, l'une entièrement convertie en argent, tandis qu'on n'en a jamais frappé de cette espèce qu'en cuivre; l'autre était téinte au milieu, de part en part, en argent, et, étant coupée en deux, on voyait distinctement que le morceau d'argent n'était point incrusté, mais que la goutte qui a produit cette transmutation avait percé d'outre en outre.

XVIII

ANECDOTES ET PETITES HISTOIRES.

ors de mon séjour à Genève, en 1757, j'ai vu souvent aux Délices, chez M. de Voltaire, un conteur d'histoire fort recherché par les sociétés genévoises, et dont j'ai oublié le nom, de quoi je suis bien fâché, car on devrait toujours savoir nommer les personnages d'une anecdote : cela ajoute au caractère de vérité.

Souvent, après que cet homme avait achevé une histoire, M. de Voltaire lui disait : Voilà un canevas charmant ; mais permettez-moi de vous enseigner comment il faut le mettre en œuvre. Alors, il reprenait l'histoire, et nous montrait par sa manière de la refondre, comment on doit dans le commencement détailler beaucoup, et même longuement, tout ce qui peut servir à l'intelligence exacte du conte ; comment il faut faire connaître les acteurs principaux, en peignant leurs figures, leurs gestes et leurs caractères ; comment on doit exciter, suspendre et même tromper la curiosité; que les épisodes doivent être courts, clairs, et placés à propos, pour couper la narration au milieu d'une grande attente; comment il faut en presser la marche à mesure qu'on tire vers la fin, et que la catastrophe doit être énoncée aussi laconiquement que possible. C'est ainsi que M. de Voltaire mêlait l'utile à l'agréable en donnant par des exemples, délicieux à entendre, les véritables règles dogmatiques de l'art de raconter. Que ne puis-je, pour le plaisir de mes lecteurs, leur montrer, aussi bien que je voudrais, que j'ai su profiter de ses instructions!

Un échantillon précieux de la politesse du bon vieux temps, qui mérite d'être conservé, sont les compliments que firent le duc d'Ormont et son ami le chevalier d'Airague en se quittant pour toujours.

Ce duc, après avoir terminé son rôle de favori de la reine Anne, s'était retiré à Avignon, où il tenait un grand état, et le chevalier s'était fait son commensal complaisant et son ami intime. Malgré cela, ils étaient ensemble sur le pied cérémonieux de l'ancienne cour, et ne cessaient de se faire des compliments. Apprenant que son patron allait expirer, le chevalier accourt, entre précipitamment, et le duc agonisant lui dit d'une voix obligeante : Hélas! mon ami, je vous demande pardon d'être obligé de mourir devant vous. L'autre, pénétré et confondu de tant de politesse, répliqua : Ah, milord, pour l'amour de Dieu, ne vous gênez pas !

L'abbé de Saint-Pierre, le meilleur humain, après la Fontaine, parmi les gens de lettres en France, sentait dans sa vieillesse qu'il commençait à radoter. Il s'était voué au silence, mais il aimait à écouter en compagnie. Un jour, il était resté le dernier chez ma voisine, madame de Lémeri ; il poussa un grand soupir et lui dit : Je sens que je vous ennuie ; mais, ajouta-t-il, les larmes aux yeux et avec une voix suppliante, mais je m'amuse.

Il y avait à l'université de Halle un professeur qui montrait des revenants. Frédéric II, qui avait entendu raconter à des officiers, dont le courage et l'esprit lui étaient connus, qu'ils en avaient réellement vu, fit venir ce professeur à Berlin, et le pria de lui montrer quelques-unes de ces apparitions merveilleuses. Comme je ne suis pas tout à fait sûr, répliqua le professeur, que mon secret ne puisse produire un peu de mal sur le cerveau, et que, par cette raison, je ne l'emploie qu'à mon corps défendant, Dieu me préserve d'en faire usage sur Votre Majesté, mais je ferai mieux, je vous l'expliquerai.

Il consiste en une fumigation qu'on répand dans la chambre obscure, où l'on fait entrer l'homme qui demande à voir. Cette fumée, dont voici la recette, a deux propriétés : celle de jeter le patient dans un demi-sommeil assez léger pour entendre ce qu'on lui dit, et assez profond pour l'empêcher de réfléchir; et celle de lui échauffer le cerveau, au point que son imagination lui peint vivement l'image des paroles qu'il entend, et y ajoute la représentation qui sert à poursuivre et à compléter l'objet de son intention; il est dans l'état d'un homme qui compose un rêve, d'après des impressions légères qu'il reçoit en dormant.

Après avoir, poursuivit le professeur, tiré de mon curieux dans la conversation le plus de particularités qu'il m'est possible de la personne, qui doit lui apparaître, et lui avoir demandé la forme et les habits avec lesquels il veut la voir, je le fais entrer dans la chambre obscure.

Quand je crois que la fumée a commencé son effet, je le suis, en me préservant de l'impression de la fumée, avec une éponge trempée dans la liqueur que voici. Alors je lui dis : Vous voyez un tel, fait et habillé de telle manière : et la figure se peint ainsi à son imagination altérée ; puis je lui demande avec une voix rauque : Que me veux-tu ? il est persuadé que c'est l'esprit qui parle, il répond, je réplique, et, s'il a du courage, la conversation continue, et finit par un évanouissement.

Ce dernier effet de la fumigation jette un voile mystérieux sur ce qu'il a cru voir et entendre, efface les petites imperfections qu'il pourrait se rappeler, et lui laisse à son réveil une conviction mêlée de crainte et de respect contre laquelle il ne lui reste aucun doute.

J'ai appris tout ceci de la margrave de Bayreuth, sœur de Frédéric II, et que le roi, après avoir vérifié cette opération, en a déposé la recette et la méthode sous une enveloppe cachetée dans sa bibliothèque de manuscrits. Il y a apparence que Bischofswerder et compagnie ont trouvé ce secret dans la bibliothèque du roi, ou peut-être à Halle, et qu'ils s'en sont servi pour produire les apparitions extraordinaires avec lesquelles ils ont mystifié et subjugué Frédéric Guillaume II.

Le baron de Thugut, envoyé de la cour de Vienne à Varsovie, avait à son début, et avant d'avoir vu le roi, rencontré dans la société le comte de Stackelberg, ambassadeur de Russie, et était tombé dans l'erreur de le prendre pour le roi, avec lequel l'ambassadeur avait quelque ressemblance, et par la figure et par la taille et le port. S'étant aperçu qu'on avait remarqué cette méprise, il coupa, en faisant le soir la partie du roi avec M. de Stackelberg, comme par mégarde, une dame avec un valet, et dit : Ne voilà-t-il pas aujourd'hui qu'il m'arrive encore de prendre un valet pour un roi[1].

Egizielo, émule de Farinelli à Lisbonne, partant de là, reçut le singulier honneur d'une escorte de cavalerie commandée par un officier. L'orgueilleux chanteur crut qu'il était de sa dignité de faire un présent à l'officier, et lui offrit une belle montre. Celui-ci lui dit : Gardez votre montre ; mais si vous voulez me récompenser de la peine que j'ai eue, je vous prie de me chanter un petit air.

Le baron de Thun, qui a été longtemps ministre de Wurtemberg à Paris, était un homme

1. Cette anecdote a été contée par le baron de Thugut lui-même, à une personne d'un nom illustre qui vivait encore en 1846, et qui avait eu des rapports intimes avec ce ministre. (*Note de l'éditeur allemand.*)

assez singulier, très-aimable pour ceux qui l'ont connu aussi particulièrement que moi, mais excessivement spéculatif pour l'économie. Il avait mis toute sa fortune en rentes viagères, car il était fort égoïste.

Ayant la fantaisie de vouloir être enterré dans son lieu natal en Poméranie, mais trop juste pour causer autant de dépenses qu'aurait exigées le transport de son cadavre, à son neveu, auquel il ne laissait rien du tout, il ordonna en mourant de le couper en pièces, de le bien saler, de le mettre dans un tonneau, et de l'embarquer ainsi sur le premier vaisseau qui partirait pour aller en Poméranie. Durant la route, les matelots visitèrent le tonneau, et, croyant que c'était du bœuf salé, ils mangèrent la moitié du baron de Thun.

C'est son neveu qui m'a raconté cette histoire.

Une ancienne prophétie qui existait à Lyon disait, que le sang coulerait dans les rues, quand le Rhône et la Saône se trouveraient réunis dans l'hôtel de ville.

Or, ce bâtiment est si élevé au-dessus du lit de ces fleuves qu'il aurait fallu une inondation presque incroyable pour les faire arriver jusque-là.

Cette prophétie s'est pourtant accomplie en

1793 d'une manière assez singulière. Lorsque le peuple abattit la statue de Louis XIV à la place de Belcour, on porta les figures en bronze de ces deux fleuves, qui étaient placées aux deux côtés de la statue, à la maison de ville, et, peu de jours après, les rues furent inondées de sang, par le premier massacre que firent les jacobins.

Une preuve de l'indolence avec laquelle Louis XV régnait, est une réponse qu'il fit un jour au duc de Choiseul, qui voulait lui arracher une décision contraire aux intrigues de ses adversaires; et, après lui avoir démontré que les appréhensions qu'on lui inspirait, étaient fausses, et qu'il commettrait une injustice en s'y livrant, le roi lui répliqua : Mais ils m'ont dit qu'il y a du danger à le faire, et ce n'est pas la peine d'avoir des ministres, pour que je réponde des événements.

M. de Fontenelle répliqua à un homme qui l'avait ennuyé par une longue diatribe contre le diable : N'en disons pas tant de mal, c'est peut-être l'homme d'affaires du bon Dieu.

Voici un mot bien philosophique de l'abbé

Galiani : Le chien qui s'imagine qu'il tourne le rôti, ne sait pas que c'est le rôti qui le fait tourner.

Entendant dire à un homme qu'on questionnait sur les effets de la nouvelle salle d'Opéra de Paris, qu'elle était sourde, Galiani qui ne pouvait pas souffrir la musique française, s'écria : Qu'elle est heureuse !

Dans le temps qu'il s'agissait de mettre une inscription sur cette nouvelle salle, Diderot fit la suivante :

Hic Marsyas Apollinem.

Un pauvre valet de louage à Rome avait acheté à la place Navone un camée antique superbe, pour très-peu de chose. On lui en avait déjà offert un prix considérable, mais il voulut pourtant consulter auparavant M. Jenkins, riche et célèbre antiquaire, qui était son patron.

Cet homme honnête lui dit : Votre pierre vaut beaucoup davantage, vous êtes un pauvre homme, je puis faire votre fortune sans y perdre ; voilà 4000 écus romains. Le valet de louage se retira dans sa patrie avec cet argent, l'employa à se faire bâtir une maison, et mit au-dessus de la porte l'inscription suivante :

Questa casa è fatta d'una sola pietra.

M. Naigeon, homme de lettres, grand bibliologue, et petit athée, a composé le Système de la nature, avec le baron d'Holbach et Diderot. Il avait une vanité insupportable, et M. d'Holbach disait de lui, qu'il lui déplaisait parce qu'il était si fier de ne pas croire en Dieu.

Le même a dit un joli mot sur l'abbé Morellet, dont l'amour-propre perçait trop à travers ses belles qualités. Son attitude favorite était de se serrer les côtes avec les deux mains fourrées sous son habit. Quelqu'un ayant remarqué cette contenance, dit à M. d'Holbach : « Je crois que l'abbé a froid. — Non, répliqua-t-il, il se tient comme cela pour être plus près de soi. »

Dans les cérémonies de la semaine sainte on porte le pape d'un endroit du Vatican à l'autre, sur une espèce de palanquin, sous un dais, et ombragé des deux côtés par des éventails faits de plumes de paon. Cet appareil a un air tout à fait chinois. Il fut copié avec une exactitude frappante dans un opéra bouffon nommé : *L'Idole chinoise*, qu'on donna à Naples précisément dans le temps où le marquis Tanucci était le plus enclin à maltraiter la cour de Rome. Le nonce, informé de cette farce indécente, s'en plaignit amèrement à ce ministre. Celui-ci, qui mourait d'envie de repaître ses yeux de ce spectacle, dont la simple description l'avait extrêmement diverti, répondit au nonce : Ah, Monseigneur, que me dites-vous là ! Cela n'est pas possible : mais pour vous prouver mon intérêt, je me rendrai moi-même au théâtre, moi, qui n'y vais jamais, pour me convaincre de la vérité incroyable d'un tel scandale. Ce ministre se procura donc par là la jouissance qu'il désirait, et le lendemain il dit au nonce : J'y ai été, vous pouvez être tranquille, il n'y a pas un mot de vrai à ce qu'on vous a dit, je vous assure que c'est une grande méchanceté.

Le marquis de Bombelles m'a fait la description de deux robes à panier, qu'il a vues, à la cour de Lisbonne, porter à la reine, où il était ambassadeur de France. Sur l'une, on avait représenté en broderie une espèce de péristyle, dont les deux colonnes suivaient la direction des jambes, surmontées d'un fronton, duquel tombait une cascade de gaze d'argent.

L'autre représentait Adam et Ève, au milieu d'eux l'arbre de la science du bien et du mal, et le serpent qui y grimpait en remontant vers le sommet.

Parmi la foule de solliciteurs qui attendaient la mort ou la guérison du maréchal de Belle-Isle, alité depuis très-longtemps, il y avait un pauvre Gascon réduit à la dernière misère, en mangeant d'avance une pension qu'il n'avait pas encore. Un jour que, dans un café, on faisait l'éloge du maréchal, le Gascon s'écria : Oh, cadédis, c'est un Dieu! tout-puissant, invisible, éternel!!

La faveur du duc de Choiseul avait attiré tant de cousins, qui portaient son nom, que, pour les distinguer, on leur avait donné des sobriquets. Il y en avait un qu'on appelait Choiseul bon-Dieu. On importunait à outrance le maréchal de Belle-Isle pour faire avoir un régiment à ce cousin de son ennemi. Ce ministre étant à la mort, on lui apporta le viatique, et on lui annonça le bon Dieu, comme c'est l'usage à Paris, où le valet de chambre, qui est à la porte, nomme toujours les arrivants à haute voix. Le maréchal agonisant crut que c'était ce Choiseul qui venait le relancer, et cria de toutes ses forces : Qu'il s'en aille, qu'il me laisse en repos ! dites que je lui donne un régiment.

Le marquis Manfredini, ministre du grand-duc de Toscane, a eu beaucoup à traiter avec Bonaparte, lorsqu'il commandait en Italie.

Après nombre de preuves d'amitié, et surtout de loyauté, qu'il avait reçues de ce général, ce dernier fut dans le cas de manquer malgré lui à une promesse qu'il lui avait faite, forcé par des ordres du Directoire qu'il avait reçus depuis. Le marquis se plaignant amèrement, Bonaparte lui dit : Vous pouvez toujours compter sur ma parole militaire ; mais ne comptez jamais sur ma parole politique.

Un officier de la garde bourgeoise de Bayreuth était un homme facétieux et extrêmement poltron, ce qui l'avait constitué le bouffon et le souffre-douleur en titre de tous les officiers.

Dans ce temps il y avait à Bayreuth un joueur, qui s'était rendu célèbre par quantité de duels, et dont tout le monde redoutait l'épée qu'il maniait avec beaucoup d'adresse et de bonheur. On aurait bien voulu en être débarrassé, mais personne n'osait se mesurer avec lui.

Un jour qu'on manifestait ce désir en présence du capitaine bourgeois, celui-ci s'offrit de délivrer la ville de ce dangereux personnage. Pressé sur les moyens qu'il emploierait, il surprit extrêmement en disant qu'il se battrait contre lui, et qu'il le chasserait. D'abord, on se moqua de notre poltron, mais celui-ci proposa un assez gros pari si sérieusement, qu'il fut accepté avec une extrême curiosité de voir comment il s'en tirerait. Le joueur fut insulté le lendemain, et appelé en duel par le capitaine.

Le margrave, instruit par ce dernier de ce qu'il comptait faire, permit que les deux champions se battraient sur la place, en présence de la ville et de la cour. A peine le capitaine eut-il tiré son épée, que le joueur pâlit, lui tourna le dos, et, s'enfuyant à toutes jambes, fut poursuivi par son adversaire et chassé par toutes les rues de la ville. Cet événement incroyable parut un prodige à tous les spectateurs, et le paraîtra à mes lecteurs, à moins que je ne leur explique comment ce miracle s'est opéré.

Le capitaine savait que le joueur avait une

antipathie naturelle et insurmontable contre la simple vue d'une carotte rouge, au point qu'il s'évanouissait quand il en paraissait sur la table. Que fit-il? il coupa une bonne tranche bien ronde d'une belle carotte bien rouge, l'enfila dans son épée pour qu'elle couvrît parfaitement la garde inférieure. Il en résulta que, dès qu'il eut tiré son épée et présenté la pointe à son ennemi, celui-ci fut frappé de la vue si redoutable pour lui, et obligé de s'enfuir à toutes jambes.

Le duc de Nivernois, défendant la gloire de Louis XIV contre Frédéric II, qui le critiquait rudement sur sa vanité, son ambition démesurée, et sur l'avantage d'avoir eu d'excellents teinturiers en tout genre, poussé à bout, le duc s'écria : Au moins, Votre Majesté ne lui refusera-t-elle pas l'honneur d'avoir bien représenté son rôle de roi? Frédéric répliqua : Après Baron.

Le même duc de Nivernois m'a assuré avoir vu un écrit du temps de Catherine de Médicis, qui donnait le détail de ce qu'elle disait avoir vu dans un miroir magique, dans lequel un célèbre astrologue, dont j'ai oublié le nom, lui montrait la succession et le sort des rois de France.

Ceux qui ont été assassinés, comme Henri III et Henri IV, ont paru percés des poignards qui les ont frappés; les autres rois, quoique pas nommés, étaient reconnaissables, ou par quelques marques, ou par un dauphin intermédiaire qui apparaissait sans couronne. La durée du règne de ces rois était marquée par les différences de la durée de leurs apparitions. Par le nombre de leurs dauphins on parvenait distinctement à celui qui désignait Louis XV. C'est du vivant de ce monarque que M. de Nivernois m'a parlé de cette pièce curieuse, et il m'a dit alors qu'elle finissait de la manière suivante, qu'après Louis XV il ne s'est plus montré qu'un seul roi; et Catherine, interrogée par l'astrologue, sur ce qu'elle voyait encore, elle répondit: je ne vois plus rien qu'un tas de rats et de souris qui s'entre-dévorent. Comme on venait de s'apercevoir que les fondements de Versailles étaient minés par ces animaux, nous appliquions alors cette image prophétique à la possibilité que ce grand château pourrait bien s'écrouler sous le règne prochain.

Le cardinal Acquaviva était franc, mais extrêmement grossier. Allant occuper la vice-légation d'Avignon, on lui avait fort recommandé de s'abstenir de dire: cela n'est pas vrai, et on lui avait observé que cette phrase était regardée en France comme une insulte. Voici donc la tournure qu'il avait imaginée, pour donner un démenti poliment : Je le crois, disait-il d'un air suppliant, puisque vous me le dites, mais vous, qui me le dites, vous ne le croyez pas.

Ceci me rappelle une autre réplique fort heureuse, au récit d'un fait incroyable que le conteur assurait avoir vu de ses propres yeux, la voici : Je le crois, puisque vous l'avez vu, mais si je le voyais, je ne le croirais pas.

On a trouvé dans les papiers du professeur Schrœder, de Marbourg, célèbre rose-croix, mort à Wetzlar, une vieille pancarte expédiée par un chef de cette secte.

Il avait ajouté à son nom S. J., de la société de Jésus, et la pancarte avait une date plus ancienne que celle à laquelle le dictionnaire des hérésiarques d'Arnold fixe l'origine des rose-croix. Les relations que j'ai eues avec ces derniers, m'ont appris qu'ils étaient intimement liés avec les jésuites, et je puis attester que les règles et les formes de l'ordre des rose-croix avaient les plus grands rapports avec celles de la compagnie de Jésus, surtout pour l'obéissance aveugle à leurs supérieurs, l'espionnage et les moyens de s'emparer des secrets d'autrui.

Des amis et des protections particulières que j'avais à Naples m'ont mis à portée d'examiner de près le miracle de saint Janvier, et je puis attester qu'il me parut impossible, qu'une matière extérieure puisse pénétrer dans les fioles qui contiennent le prétendu sang de ce saint. Il y en a deux qui sont hermétiquement scellées et placées sur deux pointes, qui les soutiennent en l'air au milieu d'un ostensoir à jour et bien clos.

On voit dans le fond de ces fioles, à la hauteur d'un doigt, une matière qui ressemble à de la poix résine fort brune et dure, laquelle, quand le miracle se fait, s'élève subitement en bouillonnant et remplit tout à fait les petits vases.

L'abbé Galiani, qui a observé tout ceci plus souvent et encore mieux que moi, et qui, de plus, se fondait sur l'autorité de son oncle, archi-chapelain du roi, et qui, par ses relations avec tout le clergé, pouvait être encore plus instruit que moi, prétendait que cette relique était si ancienne qu'on en avait absolument perdu la véritable histoire, que le clergé de Naples agissait de bonne foi, qu'il ignorait parfaitement le secret de ce tour de passe-passe, et qu'il s'opérait vraisemblablement par la chaleur extérieure, et peut-être par un certain coup de main prescrit ou accidentel.

L'abbé Galiani, dans la tête duquel chaque explication à donner prenait une tournure ingénieuse et instructive, employait le mystère de ce miracle pour commenter un passage d'Horace, qui parlant dans son épître du voyage à Brindisi des fourberies religieuses de ce pays-là, dit : *Thura sine igne liquefaciunt, credat judæus Apella.* « Ils liquéfient de l'encens sans employer du feu. Il faudrait être un Juif comme Apella, pour le croire. »

Il y a apparence que les premiers prêtres chrétiens auront trouvé ce secret chimique, et, croyant que cette gomme brunâtre ne ressemblait pas mal à du sang caillé, ils se seront dit, voilà une chose excellente qui peut nous être aussi utile qu'aux prêtres païens ; et ils l'auront employée comme fraude pieuse, très-utile par le grand succès qu'elle a eu.

C'est ainsi que mon charmant petit abbé expliquait le miracle de saint Janvier, qui n'est pas le seul de son espèce dans le royaume de Naples ; car, dans deux ou trois endroits de l'intérieur, il s'opère obscurément sur le sang de deux autres martyrs, dont j'ai oublié les noms.

Dans une maison de la rue Saint-Honoré, à

côté du trésor royal, il y avait une chambre dans laquelle on trouvait souvent des meubles brisés ou déplacés de la manière la plus extraordinaire. On avait beau la fermer à cadenas, y apposer même un scellé, et employer tous les moyens possibles pour en découvrir la cause; tout était inutile, et enfin les domestiques obtinrent la permission d'aller chez les capucins, qui étaient vis-à-vis pour chercher un exorciseur.

Le père, chargé de cet emploi, se transporta avec son bénitier dans la chambre en question; et, après avoir aspergé partout, on lui dit, qu'il fallait aussi en mettre dans la cheminée où l'on entendait quelquefois le diable, quand on entrait dans la chambre. Le capucin se tourna donc vers la cheminée, et, allongeant son goupillon dans le tuyau, il fut étrangement surpris de sentir qu'une main invisible le lui arrachait et l'emportait. La frayeur du bon père se communiqua aux assistants, et tous s'enfuirent dans la rue avec des cris terribles, qui attirèrent une foule de monde à laquelle on raconta ce nouveau miracle.

Mais on fut encore bien plus effrayé, lorsqu'on vit paraître sur le haut de la cheminée le diable tenant le goupillon, avec lequel il gesticulait aussi bien que le meilleur exorciseur.

Après l'avoir considéré quelque temps, arriva un domestique de M. de Savalette de Lange, qui logeait tout à côté de la cheminée, et qui s'écria en regardant en haut : Oh, voilà le singe de mon maître!

M. de Sartine, ministre de la marine, était fort soigneux de sa coiffure; il avait des perruques merveilleuses pour la quantité de leurs boucles. La veille d'un jour qu'il devait aller de grand matin à Versailles, on avait fort recommandé chez le perruquier d'arranger la perruque le même soir, parce que l'on viendrait la prendre à l'aube du jour.

En conséquence elle fut arrangée et placée dans sa boîte. Pendant la nuit la femme du perruquier accoucha d'un enfant mort, qu'on mit, faute de cercueil, dans une boîte à perruques, pour pouvoir l'enterrer tout de suite. Un moment après que le petit convoi d'enterrement fut parti, un domestique de M. de Sartine vint chercher la perruque. Mais on fut bien étonné, en ouvrant la boîte, d'y trouver un enfant mort. On s'était trompé de boîte, et on avait enterré la perruque de M. de Sartine, qui fut obligé de retarder son départ jusqu'à ce que chaque chose eût été remise à sa place.

Un jeune auteur, qui cherchait fortune, était

allé à Ferney pour se recommander à M. de Voltaire. Celui-ci commença par lui demander ce qu'il savait faire, et quel était son métier? Je suis, répondit-il, garçon athée, pour vous servir. — Et moi, répliqua M. de Voltaire, j'ai l'honneur d'être maître déiste; mais, quoique nos métiers soient opposés, je vous donnerai à souper pour aujourd'hui et à travailler pour demain, je puis me servir de vos bras et non de votre tête.

Le duc de Choiseul, étant devenu ministre des affaires étrangères, avait eu la curiosité de connaître le style de M. de Chauvelin, qui, sous le ministère du cardinal de Fleury, s'était acquis la réputation de l'ambassadeur le plus habile de son temps. Il fit tirer du dépôt des affaires étrangères les dépêches de M. de Chauvelin, écrites durant son ambassade en Suisse, et voici une phrase qui lui tomba sous les yeux en feuilletant pour commencer sa lecture. L'ambassadeur, parlant de l'espérance qu'il avait de pénétrer un secret par le canal d'un magistrat qui en était instruit, s'exprimait ainsi : « J'ai déjà mis les fers au feu, pour lui tirer les vers du nez. »

M. de Beaumarchais était fils d'un horloger.

Une dame de la cour, pour lui reprocher son origine, lui présenta une très-belle montre qu'elle avait, en le priant de l'examiner et de la lui arranger, parce qu'elle n'allait pas bien. Beaumarchais prit la montre et la laissa tomber sur le pavé du salon, qui était de marbre. Ah, quel malheur, s'écria-t-il, mon père avait raison, il m'avait bien dit que j'étais trop maladroit pour faire son métier.

J'avais une chatte, nommée Ermelinde, qui mérite une place bien distinguée dans l'histoire des animaux par les preuves qu'elle m'a données d'un raisonnement suivi et concluant, supérieur à tout ce que les biographes des bêtes ont cité de plus remarquable.

Je la voyais sans cesse occupée à se mirer dans la glace, à s'en éloigner pour s'en rapprocher en courant, et surtout gratter autour des cadres, parce que toutes mes glaces étaient enchâssées dans des trumeaux.

Cela me détermina à établir un jour un miroir de toilette au milieu de la chambre, pour donner à ma chatte le plaisir de pouvoir en faire le tour.

Elle commença par s'assurer, en s'approchant et se reculant, qu'elle se trouvait dans une glace pareille aux autres. Elle passa derrière à diverses reprises, courant toujours plus fort; mais, voyant qu'elle ne pouvait pas atteindre ce chat prompt à lui échapper, elle se plaça au bord du miroir, et, regardant alternativement d'un côté et de l'autre, elle s'assura que le chat qu'elle venait de voir, ne pouvait pas être, ni avoir été derrière le miroir; ainsi, elle se persuada qu'il devait être dedans. Mais que fit-elle pour constater cette expérience, la dernière qui restait à faire? toujours assise aux bords de ce miroir, elle se dressa en allongeant ses deux pattes pour tâter l'épaisseur, et sentant qu'elle ne suffisait pas pour contenir un chat, elle se retira tristement et convaincue qu'il s'agissait d'un phénomène impossible à découvrir, parce qu'il était au-dessus du cercle de ses idées; elle ne regarda plus aucune glace et renonça pour toujours à un objet qui intéressait sa curiosité.

Plus sage que les hommes qui ne mettent aucune borne à leurs recherches métaphysiques, mon Ermelinde me paraît avoir été le Kant des chats.

J'ai servi à vérifier une ressemblance trop extraordinaire, pour que je ne doive pas l'attester dans ces mémoires.

Le comte de Werthern, depuis grand-maître de la garde-robe de Frédéric II, finissant ses études à Lausanne, avait eu un gouverneur qui se nommait le marquis Caraccioli, portant un titre d'officier major polonais, qui alors s'obtenait facilement, d'ailleurs assez mauvais sujet, méchant auteur, et fort brouillé avec son élève, qui ne cessait de m'en dire pis que pendre dans toutes ses lettres.

L'année d'après qu'ils se furent quittés, je rencontrai le comte à Milan, allant à Rome, où j'allais aussi. J'y retrouverai, me dit-il, mon coquin de gouverneur qui m'a volé en partant, et qui voyage à présent avec les jeunes comtes Rzewuski : il me tarde de le bien rosser. Or, j'avais vécu à Rome avec ce marquis, que je savais être le conducteur des jeunes seigneurs polonais, précisément dans les années où mon ami m'écrivait de Lausanne pour se plaindre de son gouverneur qui le tourmentait.

J'assurai le comte de Werthern qu'il se trompait, qu'à la vérité Caraccioli était auteur et avait un titre d'officier major de Pologne comme le sien, mais que c'était le plus honnête homme du monde, et qu'il ne pouvait pas avoir été en même temps à Rome et à Lausanne. Malgré tout cela, mon ami qui était fort opiniâtre, persistait dans son erreur, disant que je me trompais, et que deux Anglais, qui avaient beaucoup connu son Caraccioli à

Lausanne, venaient de le revoir avec les comtes Rzewuski, et que tout ce que ces Anglais lui en avaient rapporté, ne laissait aucun doute sur l'identité de la personne.

Comme l'aîné des deux frères avait la tête fort chaude, et que mon ami ne ménageait pas ses propos, j'obtins de ce dernier, sur lequel j'avais beaucoup d'empire, de se calmer jusqu'à ce qu'il eût vu l'homme et examiné le tout de sang-froid. En conséquence, dès que nous fûmes arrivés à Rome, je leur ménageai une entrevue chez moi. Le marquis, que je n'avais prévenu de rien, aborda le comte avec l'indifférence d'un homme qui ne l'avait jamais vu, mais ce dernier, frappé par la ressemblance la plus étonnante qui fut jamais, avait toutes les peines du monde de contenir son animosité, m'ayant donné sa parole d'honneur de rester calme, au moins dans cette première rencontre.

Le marquis me quitta le premier, et, dès qu'il fut sorti, le comte, furieux de sa longue contrainte, éclata en reproches contre moi de ce que j'osais lui soutenir, que ce n'était pas là son ancien gouverneur; que personne ne pouvait lui disputer le droit de prononcer, si l'homme qu'il avait vu, était ou n'était pas celui avec lequel il avait passé deux années de sa vie presque côte à côte; que c'était certainement le même homme, non-seulement parce qu'il ressemblait à son gouverneur trait pour trait, mais qu'il avait le même son de voix, les mêmes gestes, la même posture, les mêmes révérences, les mêmes phrases coutumières, et, enfin, qu'à moins de devenir insensé, rien ne lui ôterait la certitude d'avoir retrouvé en lui son mauvais sujet de gouverneur, ni ne l'empêcherait de le rouer de coups dès qu'il le rencontrerait dans la rue.

Prévoyant les malheurs qui pourraient en résulter, j'obtins encore par mon crédit sur l'esprit de mon ami de remettre sa vengeance jusqu'à ce que je lui eusse démontré l'impossibilité de l'identité des deux personnages en question par nombre de témoignages incontestables, qui prouveraient qu'ils ont existé, pendant plus d'une année, à la distance de plus de cent lieues l'un de l'autre. Alors, j'informai mon ami Caraccioli et ses élèves de toutes les circonstances de cette fâcheuse affaire, et de la nécessité de détruire une erreur, justifiée par des apparences si singulières.

On convint d'un rendez-vous auquel furent convoquées plusieurs personnes de différents états, qui avaient connu, logé et nourri mon marquis Caraccioli, pendant toute une année du séjour de l'autre à Lausanne, et sans compter les passe-ports et autres preuves par écrit, irrécusables d'un *alibi* de près de deux ans. Mais un accident bien particulier pensa tout gâter.

Le Caraccioli de Lausanne, qui aimait la parure, avait souvent entretenu son élève du plaisir qu'il aurait à se donner un habit de satin, couleur de rubis, quand il serait assez riche pour cela. Le hasard voulut que mon Caraccioli arrive précisément avec un tel habit, d'autant plus extraordinaire que les hommes jusque-là n'avaient encore jamais porté du satin. Pour le coup, mon ami Werthern pensa éclater; cela lui paraissait trop fort. Toutefois la nombreuse compagnie et les voix de tant de témoins qui déposaient avec chaleur en faveur de mon Caraccioli, continrent les fureurs du comte. Ce fut de très-mauvaise grâce qu'il écouta et examina les preuves qu'on lui donnait pour le détromper, et qui étaient sans réplique. Mais lui-même donnait par une telle obstination une preuve bien remarquable de l'empire des sens sur la réflexion, et qu'il y a une grande différence pour notre croyance entre une vérité sentie et une qui n'est que démontrée. Le comte de Werthern a été forcé de convenir qu'il avait tort, et malgré cela il est resté persuadé toute sa vie, que son Caraccioli à Lausanne avait été la même personne que mon Caraccioli à Rome, quoique ce dernier ait porté la complaisance jusqu'à montrer à ce comte le seul endroit par où il ne ressemblait pas à son ménechme, lequel avait une cicatrice d'un coup d'épée qu'il avait reçu dans la partie charnue au-dessus de la hanche.

Je dois ajouter encore quelques traits, dont le dernier est peut-être le plus surprenant et que j'ai toujours caché au comte de Werthern. L'un et l'autre étaient dévots, mais tous deux grands pécheurs, ayant les mêmes goûts antiphysiques, et le caractère de leur écriture était assez ressemblant pour pouvoir y être trompé.

Le docteur Malouin, médecin consultant de M. le Dauphin, voyant une fiole sur une table de l'antichambre de ce prince, demanda ce qu'elle contenait, et ayant appris que c'était une médecine pour M. le Dauphin : C'est fort bien de se purger quelquefois, répliqua-t-il, on ne saurait trop évacuer les humeurs. La fiole entra, et ressortit toute pleine. Comment, s'écria le docteur, M. le Dauphin n'en a donc pas voulu ? il a tort. Puis, flairant et examinant la drogue, il dit : Elle est pourtant si bien faite, c'est dommage !.... il y a longtemps que je ne me suis purgé, je m'en vais la prendre, et il l'avala.

L'abbé de Broglie, chancelier du duc d'Orléans, a été le premier auteur et directeur de la petite correspondance secrète que Louis XV avait établie pour amuser sa petite politique. On avait placé auprès de toutes les ambassades principales un agent secret qui rendait compte directement au roi de tout ce qui se présentait. Cette machine aurait été un excellent contrôle du ministère des affaires étrangères, si Louis XV avait su l'employer en monarque éclairé ; mais il ne faisait qu'écouter aux portes. Il riait sous cape des fautes qu'il apprenait et sacrifiait ses intérêts à sa discrète curiosité.

M. de Choiseul connaissait bien ce petit mystère d'iniquité royale ; M. le duc d'Orléans avec lequel il était intimement lié, l'avait instruit des traces qu'il en avait trouvées dans les papiers de feu son chancelier. Toutefois M. de Choiseul ne voulut point troubler cet amusement de son maître, et fit toujours semblant de l'ignorer ; mais il était pourtant fâché d'en savoir la direction entre les mains du comte de Broglie, neveu de l'abbé, qu'il craignait comme étant l'homme le plus propre à lui succéder, parce que de tous les seigneurs de la cour, il en était le plus digne pour son génie et son habileté, ce qui pourtant n'est pas ordinairement la raison qu'il faut pour être choisi. Le duc d'Aiguillon n'a pas été si généreusement tolérant que son prédécesseur. Ayant découvert cette machine, il eut l'air d'ignorer qu'elle appartenait au roi, accusa le comte de Broglie comme chef d'une cabale illicite et perfide, et fit un si beau tapage qu'il força la pusillanimité de son maître à faire enfermer le comte à la Bastille.

Les lettres que ce prince écrivait au comte dans sa prison sont d'une inconséquence et d'une abnégation de la royauté aussi singulière qu'incroyable. Dans la première, il demandait presque pardon au dépositaire de sa confiance de ce qu'il l'avait fait mettre en prison, et le priait de prendre patience, en l'assurant qu'il n'y resterait pas longtemps ; et dans une autre, il lui disait au sujet du partage de la Pologne, qui venait de se dévoiler : On nous l'avait bien prédit, et on aurait bien pu l'empêcher, si M. d'Aiguillon avait été mieux instruit, et s'y était pris autrement. Il paraît que Louis XVI a tenté d'appliquer l'idée de cette correspondance à un contrôle plus utile, celui d'être informé particulièrement de ce qui se passait dans l'intérieur de son royaume.

M. de Maurepas avait envoyé M. de Pezai pour voyager et s'instruire sur différents objets en Bretagne et en Normandie. Le roi lui ordonna de lui faire parvenir directement par une voie sûre qu'il lui indiquerait, des rapports confidentiels de tout ce qu'il pourrait découvrir dans les souterrains du gouvernement, toujours si impénétrables aux regards d'un souverain éloigné. Mais Louis XVI n'était ni assez discret ni assez habile, pour cacher ces lumières naissantes aux yeux de M. de Maurepas qui, fâché des libertés que prenait son jeune maître, n'eut pas beaucoup de peine à casser le cou à M. de Pezai, lequel était aussi mince courtisan que poëte.

Je crois que cette machine de contrôle a fourni aussi la pensée ingénieuse et dispendieuse de la contre-police qui a commencé sous le règne du duc d'Aiguillon, et qui a existé depuis, beaucoup plus perfectionnée, à Vienne et à Paris.

Après la prise de Breslau, le roi Frédéric II dit à son frère : Mes ennemis peuvent bien dire de moi, que je suis un roi pauvre, mais non pas un pauvre roi.

Un marchand logé, à Aix-la-Chapelle, à l'hôtel où il y avait la salle d'assemblée, proposa à la maîtresse de cet hôtel, de lui acheter une caisse de cartes à jouer. Elle s'en accommoda d'autant plus volontiers, que le prix était modique, et qu'elle en avait précisément besoin pour la saison des eaux qui approchait.

Parmi les joueurs qui arrivèrent, se trouvait un vieillard, qui intéressait toutes les dames par le récit de ses maux, ses jolis contes, ses bons déjeuners et sa complaisance de faire leur partie et de les laisser gagner. On le plaignait surtout de l'état déplorable de ses yeux, car il paraissait presque aveugle, et ne pouvait jouer que par le secours d'une double lorgnette.

Mais pour les joueurs, il les intéressait d'une tout autre manière, car il leur enlevait tout leur argent. Après avoir fait des gains énormes, il partit. Le lendemain de son départ, un garçon de la salle apporta à la compagnie la lorgnette de ce vieillard qui l'avait oubliée. Ah, mon Dieu! s'écrièrent les dames, que deviendra ce pauvre homme sans sa lorgnette! Un homme de la compagnie, s'amusant à l'examiner, s'aperçut que c'était un excellent microscope, et l'approchant du dos d'une carte, il vit qu'elle était marquée. On fit passer toutes celles qui étaient sur la table, sous le microscope, toutes se trouvèrent marquées, et on ne plaignit plus l'aveugle clairvoyant.

J'ai connu à Avignon un M. de la Martinière, lequel, en se réveillant la nuit dans l'obscurité la plus profonde, y voyait souvent comme en plein jour. Pour s'assurer de la vérité de ce phénomène, il s'était levé plusieurs fois, et avait écrit à son bureau : J'y vois ; cette clarté ne durait que peu de minutes, et il était obligé de rechercher son lit à tâtons.

Le margrave de Bade m'a raconté que le grand-duc de Russie, Paul, passant à Carlsruhe, l'avait abordé avec le compliment suivant : Je me félicite de faire la connaissance d'un prince, qui peut servir de modèle à tous les autres, pour leur apprendre comment il faut régner. Embarrassé d'un éloge si excessif, je me sentais couvert de confusion, me dit ce bon et respectable vieillard, mais il me mit bientôt à mon aise, en continuant ainsi : Aussi je compte bien faire un jour chez moi en grand ce que vous faites ici en petit.

On était fort rigide de mon temps à Paris, sur les habillements conformes à la saison, sans s'embarrasser s'il faisait chaud ou froid. C'était un ridicule de porter du point d'Alençon en été.

M. Selwyn dont les dehors étaient aussi grossiers que son esprit était fin et caustique, répondit à madame de Puisieux, qui voulait le plaisanter d'avoir des manchettes d'hiver au milieu de la canicule : Je vous demande pardon, Madame, d'avoir commis une si lourde faute, mais j'ai mis ces manchettes de point, parce que je me sentais un peu enrhumé ce matin.

FIN.

9972. — Impr. gén. de Ch. Lahure, rue de Fleurus, 9, à Paris.

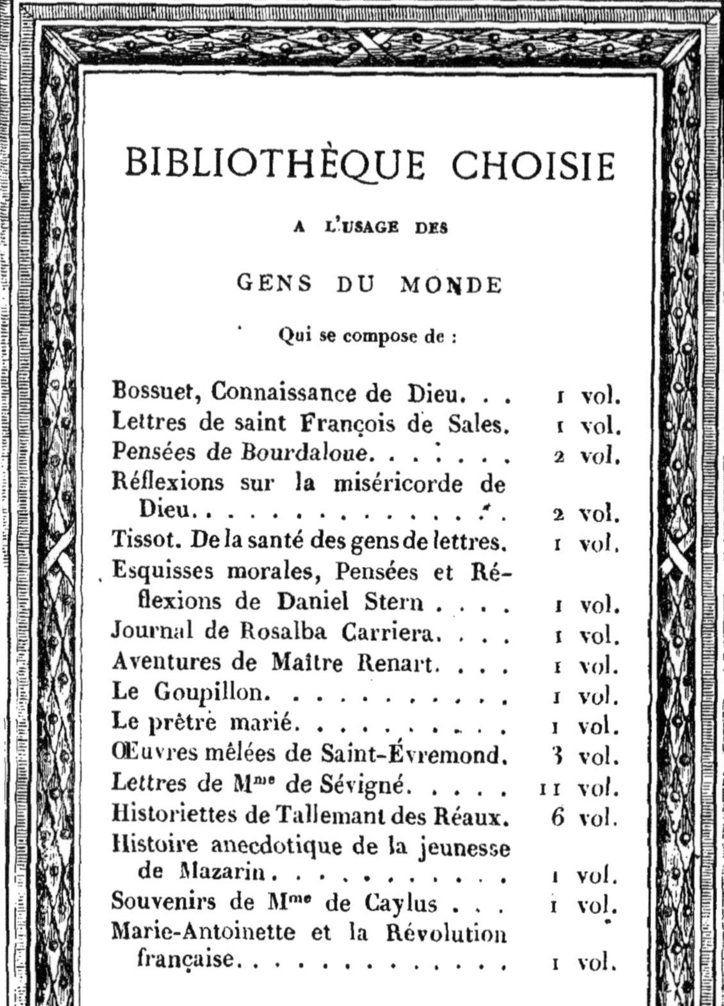

BIBLIOTHÈQUE CHOISIE

A L'USAGE DES

GENS DU MONDE

Qui se compose de :

Bossuet, Connaissance de Dieu. . .	1 vol.
Lettres de saint François de Sales.	1 vol.
Pensées de Bourdaloue.	2 vol.
Réflexions sur la miséricorde de Dieu.	2 vol.
Tissot. De la santé des gens de lettres.	1 vol.
Esquisses morales, Pensées et Réflexions de Daniel Stern	1 vol.
Journal de Rosalba Carriera. . . .	1 vol.
Aventures de Maître Renart. . . .	1 vol.
Le Goupillon.	1 vol.
Le prêtre marié.	1 vol.
Œuvres mêlées de Saint-Évremond.	3 vol.
Lettres de Mme de Sévigné.	11 vol.
Historiettes de Tallemant des Réaux.	6 vol.
Histoire anecdotique de la jeunesse de Mazarin.	1 vol.
Souvenirs de Mme de Caylus . . .	1 vol.
Marie-Antoinette et la Révolution française.	1 vol.

Imprimerie générale de Ch. Lahure, rue de Fleurus, 9, à Paris.

www.ingramcontent.com/pod-product-compliance
Ingram Content Group UK Ltd.
Pitfield, Milton Keynes, MK11 3LW, UK
UKHW021055220726
13924UKWH00005B/2113

9 782019 91021